Nouveaux exercices
pour la classe de français

To the teacher

All the following activities are reproducible for classroom use and
may be enlarged and colored to further enhance the games.
To do otherwise would be an infringement upon copyright.

All activities and illustrations by Lisa Haughom • Edited by Marie-Hélène Levine
"Nouveaux exercices pour la classe de français" © 2005 Languages For Kids

www.langbks.com

L'alphabet français et la prononciation

Peux-tu lire l'alphabet ? Essaie en prononçant les lettres en italique.
Can you say the alphabet? Try by pronouncing the letters in italic.

a - *ah*	b - *bay*	c - *say*	d - *day*
e - *uh*	f - *eff*	g - *zhay*	h - *ahsh*
i - *ee*	j - *jhee*	k - *kah*	l - *ell*
m - *em*	n - *en*	o - *oh*	p - *pay*
q - *kew*	r - *air*	s - *ess*	t - *tay*
u - *ew*	v - *vay*	w - *doobluhvay*	
x - *eeks*	y - *eegrek*	z - *zed*	

Prononce les sons suivants. Pronounce the following sounds.

*The consonants in parenthesis are to give you the correct pronunciation in English that corresponds to the correct pronunciation in French but are not to be pronounced.

au, aux, eau, eaux - *oh*

oi - *wah*

ou - *oo*

ui - *wee*

é, ai, ay, (ez, er - with verbs**) -** *ay*

en, em, an, am - *o(n)*

ain, aim, in, un - *an(t)*

on - *ow(n)*

Prononce les mots suivants. Pronounce the following words.

beau (handsome, beautiful) - *boh*
bébé (baby) - *baybay*
tout (everything, all) - *too*
fruit (fruit) - *frwee*

boisson (drink) - *bwassow(n)*
pain (bread) - *pan(t)*
frambroise (raspberry) - *fro(n)brwaz*
bon (good) - *bow(n)*

Les présentations

Je m'appelle Sylvie. - My name is Sylvie.
J'habite à Montréal. - I live in Paris.

J'aime la danse.
I like dance.
J'aime ... - I like ...
Je n'aime pas ... - I don't like ...
aller à la pêche - to go fishing
chanter - to sing
aller au cinéma - going to the movies
se baigner - to go for a swim
la cuisine française - French cooking
dessiner - to draw
s'envoler - to fly away
se faire la bise - to give each other a kiss
faire du canotage - to go boating
faire de l'escalade - to go on a hike
faire les magasins - to go shopping
faire du roller - to go roller blading
faire du vélo - to go bicycling
le fromage - cheese
la glace - ice cream
grimper à l'arbre - to climb up the tree
jouer au basket - playing basketball
la musique - music
nager - to swim
peindre - to paint
la pizza - pizza
skier - to ski
les sports - sports
sympa - nice
super - great
tomber - to fall
tricoter - to knit
voyager - to travel

Je suis français, francaise.
I'm French, French (female).
canadien, canadienne - Canadian
italien, italienne - Italian
espagnol, espagnole - Spanish
allemand, allemande - German
anglais, anglaise - English
chinois, chinoise - Chinese
américain, américaine - American

Ma famille et mes amis
My family and friends

mon père - my father
ma mère - my mother
mon frère - my brother
ma soeur - my sister
mon grand-père - my grandfather
ma grand-mère - my grandmother
mon beau-père - my father-in-law/stepfather
ma belle-soeur - my sister-in-law
ma belle-mère -   my mother-in-law/stepmother
mon mari - my husband
ma femme - my wife
mon oncle - my uncle
ma tante - my aunt
mon fils - my son
ma fille - my daughter
mes enfants - my children
mon petit-fils - my grandson
ma petite-fille - my granddaughter
mon gendre - my son-in-law
ma belle-fille - my daughter-in-law
mon cousin - my cousin (masc)
mon neveu - my nephew
ma cousine - my cousin (fem)
ma nièce - my niece
mon ami(e) - my friend (fem)
mon copain - my pal or boyfriend
ma copine - my pal or girlfriend
ma famille - my family

Je collectionne les cartes postales.
I collect postcards.
les aimants - magnets
les autocollants - stickers
les bandes dessinées - comics
les bijoux - jewelry
les coquillages - shells
les CD - CD's
les pièces de monnaie - coins
les pierres - stones
les porte-clés - key chains
les puzzles - puzzles
les timbres - stamps
les T-shirts - T-shirts

Et toi ? Comment t'appelles-tu ? Où habites-tu ? Quelle est ta nationalité ? Qu'est-ce tu aimes ? Qu'est-ce que tu collectionnes ? As-tu des frères ? As-tu des soeurs ?

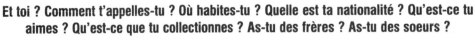

Les présentations - 1

Bonjour ! Nous voulons nous présenter. Pour savoir qui nous sommes, lis ce qu'il y a dans chaque bulle et réponds aux questions. Hello! We want to introduce ourselves. To find out who we are, read what is in each bubble and answer the questions: **il aime**... he likes..., **elle habite à**... she lives in..., **Hugo collectionne**... Hugo collects..., etc.

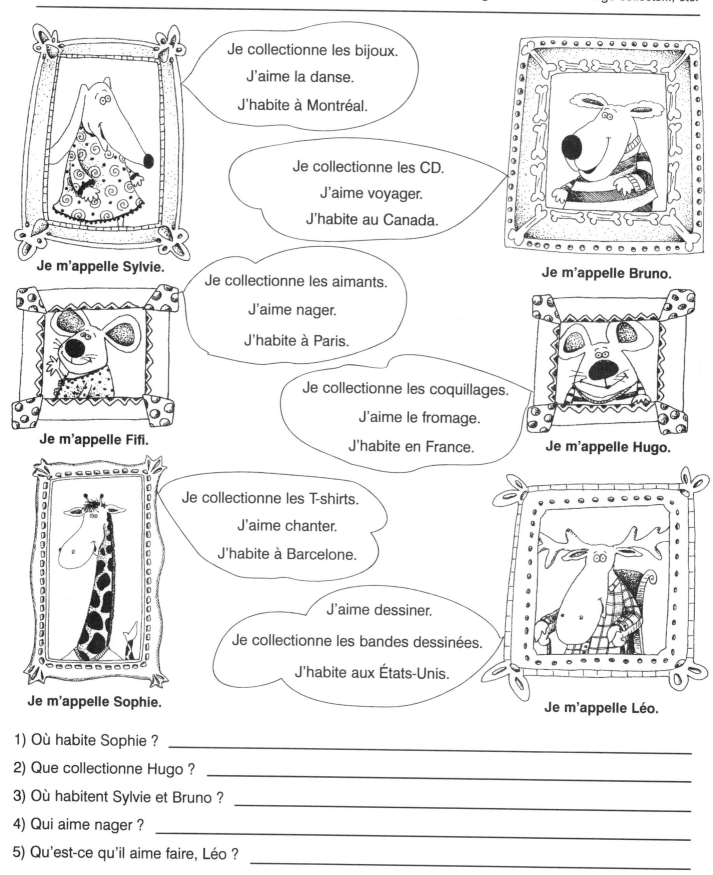

Je collectionne les bijoux.

J'aime la danse.

J'habite à Montréal.

Je collectionne les CD.

J'aime voyager.

J'habite au Canada.

Je m'appelle Sylvie.

Je m'appelle Bruno.

Je collectionne les aimants.

J'aime nager.

J'habite à Paris.

Je collectionne les coquillages.

J'aime le fromage.

J'habite en France.

Je m'appelle Fifi.

Je m'appelle Hugo.

Je collectionne les T-shirts.

J'aime chanter.

J'habite à Barcelone.

J'aime dessiner.

Je collectionne les bandes dessinées.

J'habite aux États-Unis.

Je m'appelle Sophie.

Je m'appelle Léo.

1) Où habite Sophie ? _____

2) Que collectionne Hugo ? _____

3) Où habitent Sylvie et Bruno ? _____

4) Qui aime nager ? _____

5) Qu'est-ce qu'il aime faire, Léo ? _____

3

Les présentations - 2

Qui sont-ils ? Crée tes propres personnages en utilisant les listes ci-dessous.
Who are they? Create your own characters by using the lists below.

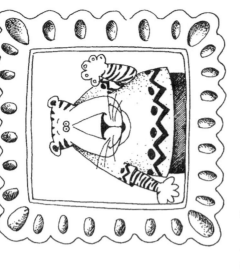

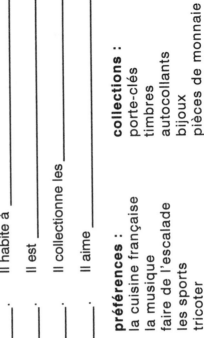

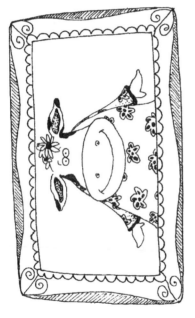

Il s'appelle _____ .

Il habite à _____ .

Il est _____ .

Il collectionne les _____ .

Il aime _____ .

Elle s'appelle _____ .

Elle habite à _____ .

Elle est _____ .

Elle collectionne les _____ .

Elle aime _____ .

Il s'appelle _____ .

Il habite à _____ .

Il est _____ .

Il collectionne les _____ .

Il aime _____ .

prénoms :
Alberto
Bernard
Lulu
Paul
Maurice
Sophie
Claude
Bernice

nationalités :
français, française
canadien, canadienne
italien, italienne
espagnol, espagnole
allemand, allemande
anglais, anglaise
chinois, chinoise
américain, américaine

villes et pays :
Paris en France
Montréal au Canada
Florence en Italie
Madrid en Espagne
Berlin en Allemagne
Londres en Angleterre
Pékin en Chine
New York aux États-Unis

préférences :
la cuisine française
la musique
faire de l'escalade
les sports
tricoter
le cinéma
aller à la pêche
faire du vélo

collections :
porte-clés
timbres
autocollants
bijoux
pièces de monnaie
pierres
cartes postales
puzzles

Et toi ? Comment t'appelles-tu ? Je m'appelle _____

Quelle est ta nationalité ? Je suis _____

Qu'est-ce que tu aimes ? J'aime _____

Où habites-tu ? J'habite à _____

Qu'est-ce que tu collectionnes ? Je collectionne _____

Qu'est-ce que tu n'aimes pas ? Je n'aime pas _____

4

J'aime...

Qu'est-ce que Thierry et Ellie aiment ? Pour savoir ce qu'ils aiment, remets en ordre les lettres. Et toi ?
Qu'est-ce que tu aimes ? J'aime... Qu'est-ce que tu n'aimes pas ? Je n'aime pas... What do Thierry and Ellie like? To find out what they like, put the letters back in order. What do you like? I like... What don't you like? Je n'aime pas...

Thierry aime...

ejuro ua skaebt

_____

enirepd

_____

al zaizp

_____

kries

_____

la iqesmuu

_____

rifea ud lrelro

_____

earif sle ganmissa

_____

Ellie aime...

al seand

_____

al celga

_____

rleal ua amicén

_____

La famille

Je te présente ma famille. Complète les phrases en utilisant les mots suivants: mère, père, frère, sœur, tante, oncle, cousin et cousine.
Complete the following sentences by using the following words.

Je m'appelle Marie Acajou. Je suis la mère de Bruno et Odile.

Ma _____ et mon _____

s'appellent Monsieur et Madame

Acajou. Je suis leur_____ et

Odile est leur _____ . Odile

est aussi ma _____. Tonton

Jacques, le _____ de mon

père est mon _____. La

sœur de ma mère est ma _____.

Elle s'appelle Tatie Nicole. Elle est

mariée à mon _____ Thierry

et ils ont deux enfants. Leur fille Camille,

est ma _____ et leur fils

André, est mon _____.

J'aime beaucoup ma famille.

Je m'appelle Jacques Acajou. Je suis le frère de Georges et l'oncle de Bruno et Odile.

Je suis Bruno Acajou. Je suis le fils de Madame et Monsieur Acajou. Odile est ma sœur.

Je m'appelle Georges Acajou. Je suis le père de Bruno et Odile.

Je suis Camille. Je suis la cousine de Bruno et Odile.

Je suis Thierry. Ma femme s'appelle Nicole. Nous avons deux enfants et je suis l'oncle de Bruno et Odile.

Je m'appelle Odile. Je suis la fille de Madame et Monsieur Acajou et la sœur de Bruno.

Merci Tatie Nicole

Mon nom est Nicole. Je suis la sœur de Marie, la mère de Camille et André, et la tante de Bruno et Odile.

Je suis André. Je suis le cousin de Bruno et Odile.

La famille de Sylvie

Mon album de photos. Voilà quelques photos de ma famille. Complète les phrases suivantes en utilisant le vocabulaire ci-dessous.

Sylvie's Family

My photo album. Here are a few photos of my family. Complete the following sentences by using the vocabulary below.

Édouard et Nelly sont les parents de Léa.

Alex et Léa sont mes parents.

Pauline et Christophe. Pauline est la sœur d'Alex.

Quentin est le fils d'Alex et Léa.

Eloïse est la fille d'Alex et Léa.

Julien et Claire sont les enfants de Pauline et Christophe.

**mère • tante • grand-père • frère • grand-mère • cousin • sœur
cousine • grands-parents • père • cousins • oncle**

Ma _____ et mon _____ s'appellent Alex et Léa. Ils aiment faire du canotage dans le lac près de chez nous. Pauvre Papa est tombé du bateau quand sa casquette s'est envolée. Ils se sont amusés quand même. Éloïse, ma _____, a un an et demi. Elle aime grimper à l'arbre de notre jardin. Quentin, mon _____, essaie d'apprendre à faire du roller. (Il ne l'a pas encore tout à fait maîtrisé.) Édouard est mon _____ et Nelly est ma _____. Ce sont mes _____. Ils aiment toujours se faire la bise. Ils sont adorables. Pauline, ma _____, adore faire du vélo avec mon _____ Christophe. Ils sont super tous les deux sur leur tandem. Leurs enfants, Julien, mon _____ et Claire, ma _____ se baignent souvent dans la piscine juste à côté. Ils sont sympas, mes _____. Et voilà ma famille !

7

Les nombres - Numbers

0 - **zéro**
1 - un
2 - deux
3 - trois
4 - quatre
5 - cinq
6 - six
7 - sept
8 - huit
9 - neuf
10 - **dix**
11 - onze
12 - douze
13 - treize
14 - quatorze
15 - quinze
16 - seize
17 - dix-sept
18 - dix-huit
19 - dix-neuf
20 - **vingt**
21 - vingt et un
22 - vingt-deux
23 - vingt-trois
30 - **trente**
31 - trente et un
32 - trente-deux
33 - trente-trois
40 - **quarante**
41 - quarante et un
42 - quarante-deux
43 - quarante-trois
50 - **cinquante**
51 - cinquante et un
52 - cinquante-deux
53 - cinquante-trois
60 - **soixante**
61 - soixante et un
62 - soixante-deux
63 - soixante-trois
70 - **soixante-dix**
71 - soixante et onze
72 - soixante-douze
73 - soixante-treize
74 - soixante-quatorze
75 - soixante-quinze
76 - soixante-seize
77 - soixante-dix-sept
78 - soixante-dix-huit
79 - soixante-dix-neuf
80 - **quatre-vingts**
81 - quatre-vingt-un
82 - quatre-vingt-deux
83 - quatre-vingt-trois
90 - **quatre-vingt-dix**
91 - quatre-vingt-onze
92 - quatre-vingt-douze
93 - quatre-vingt-treize
100 - **cent**
101 - cent un
200 - deux cents
201 - deux cent un
202 - deux cent deux
300 - trois cents
400 - quatre cents
1000 - mille
1001 - mille un
2000 - deux mille
100 000 - cent mille
1 000 000 - un million
2 000 000 - deux millions
1 000 000 000 - un milliard
1975 - dix-neuf cent soixante-quinze

avoir - to have

j'ai - I have, I do have, I am having
tu as - you have (fam. sing.), ...
il a - he has, ... **elle a** - she has, ...
on a - one has (we have), ...

nous avons - we have, ...
vous avez - you have (sing. form. & pl.), ...
ils ont - they have (masc. pl.), ...
elles ont - they have (fem. pl.), ...

Quel âge a Bruno ? Bruno a un an. Quel âge as-tu ? J'ai _____ ans.

How old is Bruno? Bruno is one year old. How old are you? I am ______ years old.

Les numéros - l'âge

Quel âge ont-ils ? Compte les bougies et complète les phrases suivantes.
How old are they? Count the candles and complete the following sentences.

1.

Roger le renard a _____ ans.

3.

Coco le cochon a _____ ans.

2.

Thierry le tigre a _____ ans.

4.

Léo l'élan a _____ ans.

5.

Raoul le raton laveur a _____ ans.

6.

Bruno le chien a _____ an.

7.

Bernice la brebis a _____ ans.

8.

Fifi la souris a _____ ans.

Les nombres

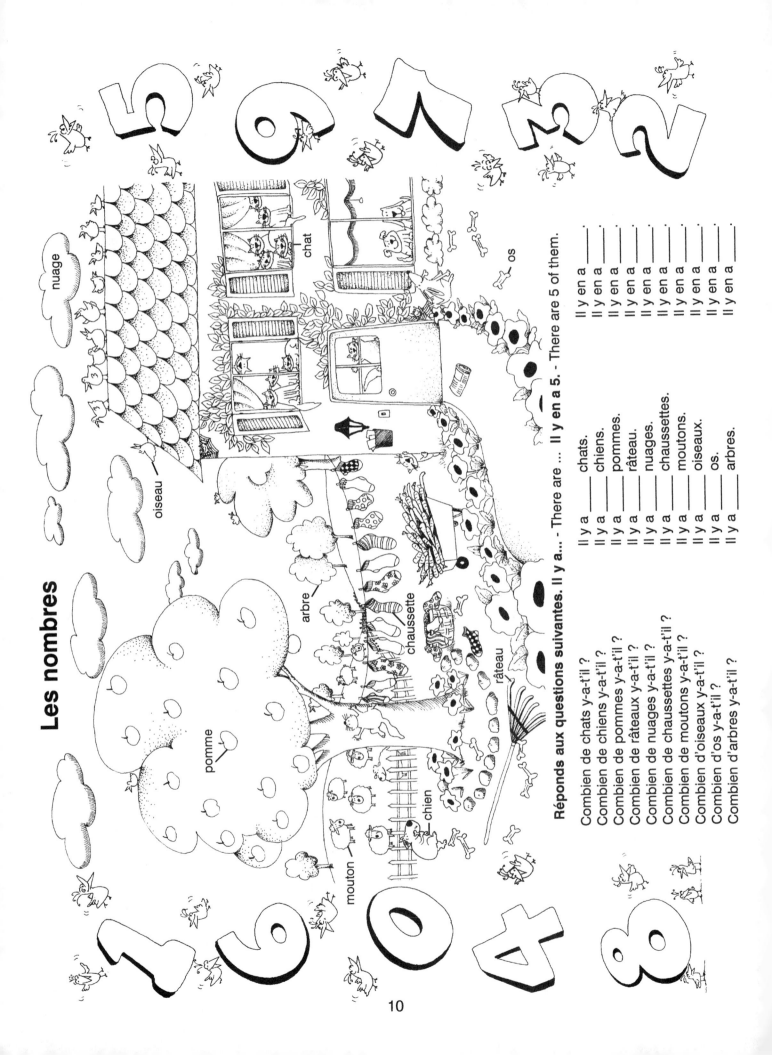

Réponds aux questions suivantes. Il y a… - There are … Il y en a 5. - There are 5 of them.

Combien de chats y-a-t'il ?	Il y a _____ chats.
Combien de chiens y-a-t'il ?	Il y a _____ chiens.
Combien de pommes y-a-t'il ?	Il y a _____ pommes.
Combien de râteaux y-a-t'il ?	Il y a _____ râteau.
Combien de nuages y-a-t'il ?	Il y a _____ nuages.
Combien de chaussettes y-a-t'il ?	Il y a _____ chaussettes.
Combien de moutons y-a-t'il ?	Il y a _____ moutons.
Combien d'oiseaux y-a-t'il ?	Il y a _____ oiseaux.
Combien d'os y-a-t'il ?	Il y a _____ os.
Combien d'arbres y-a-t'il ?	Il y a _____ arbres.

Il y en a .	
Il y en a .	
Il y en a .	
Il y en a .	
Il y en a .	
Il y en a .	
Il y en a .	
Il y en a .	
Il y en a .	
Il y en a .	

nuage

oiseau

arbre

chaussette

râteau

chien

mouton

pomme

chat

os

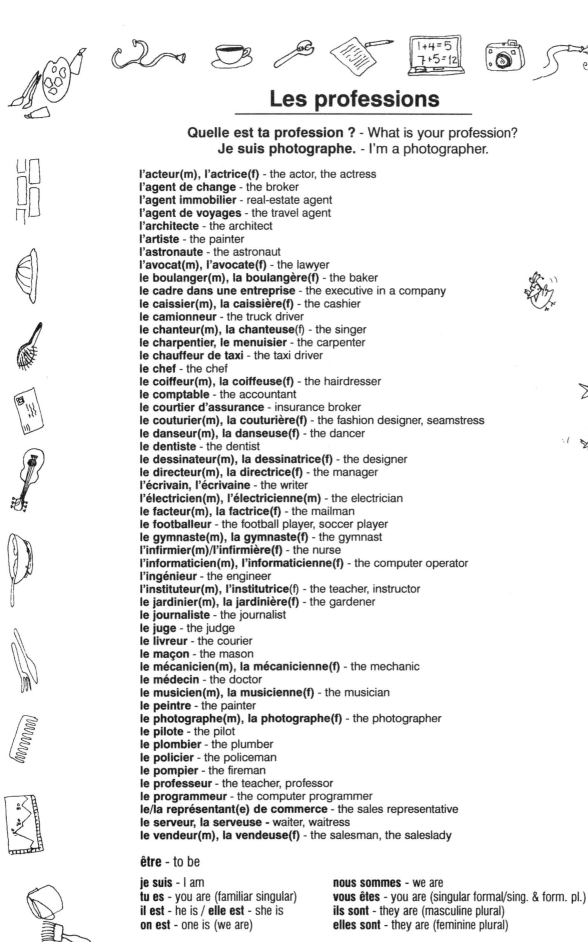

Les professions

Quelle est ta profession ? - What is your profession?
Je suis photographe. - I'm a photographer.

l'acteur(m), l'actrice(f) - the actor, the actress
l'agent de change - the broker
l'agent immobilier - real-estate agent
l'agent de voyages - the travel agent
l'architecte - the architect
l'artiste - the painter
l'astronaute - the astronaut
l'avocat(m), l'avocate(f) - the lawyer
le boulanger(m), la boulangère(f) - the baker
le cadre dans une entreprise - the executive in a company
le caissier(m), la caissière(f) - the cashier
le camionneur - the truck driver
le chanteur(m), la chanteuse(f) - the singer
le charpentier, le menuisier - the carpenter
le chauffeur de taxi - the taxi driver
le chef - the chef
le coiffeur(m), la coiffeuse(f) - the hairdresser
le comptable - the accountant
le courtier d'assurance - insurance broker
le couturier(m), la couturière(f) - the fashion designer, seamstress
le danseur(m), la danseuse(f) - the dancer
le dentiste - the dentist
le dessinateur(m), la dessinatrice(f) - the designer
le directeur(m), la directrice(f) - the manager
l'écrivain, l'écrivaine - the writer
l'électricien(m), l'électricienne(m) - the electrician
le facteur(m), la factrice(f) - the mailman
le footballeur - the football player, soccer player
le gymnaste(m), la gymnaste(f) - the gymnast
l'infirmier(m)/l'infirmière(f) - the nurse
l'informaticien(m), l'informaticienne(f) - the computer operator
l'ingénieur - the engineer
l'instituteur(m), l'institutrice(f) - the teacher, instructor
le jardinier(m), la jardinière(f) - the gardener
le journaliste - the journalist
le juge - the judge
le livreur - the courier
le maçon - the mason
le mécanicien(m), la mécanicienne(f) - the mechanic
le médecin - the doctor
le musicien(m), la musicienne(f) - the musician
le peintre - the painter
le photographe(m), la photographe(f) - the photographer
le pilote - the pilot
le plombier - the plumber
le policier - the policeman
le pompier - the fireman
le professeur - the teacher, professor
le programmeur - the computer programmer
le/la représentant(e) de commerce - the sales representative
le serveur, la serveuse - waiter, waitress
le vendeur(m), la vendeuse(f) - the salesman, the saleslady

être - to be

je suis - I am	**nous sommes** - we are
tu es - you are (familiar singular)	**vous êtes** - you are (singular formal/sing. & form. pl.)
il est - he is / **elle est** - she is	**ils sont** - they are (masculine plural)
on est - one is (we are)	**elles sont** - they are (feminine plural)

Les professions - 1

Associe chaque dessin à une profession en utilisant le vocabulaire ci-dessous.
Match each drawing to a profession by using the vocabulary below.

un artiste • un peintre • une cuisinière • un facteur • une coiffeuse • un plombier
un charpentier • un musicien • un maçon • un informaticien • un caissier
un jardinier • un pompier • une couturière • un médecin • un serveur

1. _____

2. _____

3. _____

4. _____

5. _____

6. _____

7. _____

8. _____

9. _____

10. _____

11. _____

12. _____

13. _____

14. _____

15. _____

16. _____

Les professions - 2

Quelle est sa profession ? Trouve toutes les professions qui sont dans la liste, puis écris le numéro approprié à côté de chaque profession. What is his or her profession? Find all of the professions on the list, then put the correct number next to each profession.

Il est... He is...
Elle est... She is...

—— photographe
—— serveur
—— chanteuse
—— vendeuse
—— mécanicien
—— journaliste
—— pompier
—— actrice
—— maçon
—— facteur
—— coiffeuse
—— peintre
—— architecte
—— informaticien
—— couturière
—— artiste
—— médecin
—— musicien
—— cuisinier
—— agent de change
—— instituteur
—— agent immobilier
—— danseuse
—— dentiste
—— policier
—— courtier d'assurances
—— infirmière
—— électricien
—— plombier
—— écrivain

13

La journée et l'heure

Quelle heure est-il ? - What time is it? - **Il est...** - It is...

midi(12h) - noon(12:00)
midi et demie(12h30) - twelve thirty(12:30)
minuit(12h) - midnight(12:00)
une heure(1h) - one o'clock(1:00)
deux heures dix(2h10) - ten minutes after two(2:10)
trois heures et quart(3h15) - a quarter after three(3:15)
quatre heures vingt(4h20) - twenty minutes after four(4:20)
cinq heures vingt-cinq(5h25) - twenty-five minutes after five(5:25)
six heures et demie(6h30) - six thirty(6:30)
sept heures moins vingt-cinq(6h35) - twenty-five minutes to seven(6:35)
huit heures moins vingt(7h40) - twenty minutes to eight(7:40)
neuf heures moins le quart(8h45) - a quarter to nine(8:45)
dix heures moins dix(9h50) - ten minutes to ten(9:50)
onze heures moins cinq(10h55) - five minutes to eleven(10:55)
onze heures cinq(11h05) - five minutes after eleven(11:05)
huit heures du matin(8h00) - eight o'clock in the morning(8:00 a.m.)
huit heures du soir(20h00) - eight o'clock in the evening(8:00 p.m.)
une heure de l'après-midi(13h00) - one o'clock in the afternoon(1:00 p.m.)

L'heure militaire

Quelle heure est-il ? - What time is it? - **Il est...** - It is...

une heure(1h00) - 1:00 in the morning
deux heures(2h00) - 2:00 in the morning
trois heures quinze(3h15) - 3:15 in the morning
quatre heures trente(4h30) - 4:30 in the morning
cinq heures trente-cinq(5h35) - 5:35 in the morning
six heures quarante-cinq(6h45) - 6:45 in the morning
sept heures cinquante-cinq(7h55) - 7:55 in the morning
huit heures cinq(8h05) - It is 8:05 in the morning
neuf heures(9h00) - 9:00 in the morning
dix heures(10h00) - 10:00 in the morning
onze heures(11h00) - 11:00 in the morning
douze heures(12h00) - 12:00 noon

treize heures(13h00) - 1:00 in the afternoon
quatorze heures(14h00) - 2:00 in the afternoon
quinze heures(15h00) - 3:00 in the afternoon
seize heures(16h00) - 4:00 in the afternoon
dix-sept heures(17h00) - 5:00 in the afternoon
dix-huit heures(18h00) - 6:00 in the evening
dix-neuf heures(19h00) - 7:00 in the evening
vingt heures(20h00) - 8:00 in the evening
vingt et une heures(21h00) - 9:00 in the evening
vingt-deux heures(22h00) - 10:00 in the evening
vingt-trois heures(23h00) - 11:00 in the evening
vingt-quatre heures/zéro heure(24h00/00h00)
midnight

Le vocabulaire

aller au travail - to go to work
commencer le travail - to start working
déjeuner - to have lunch
dîner - to have dinner
s'endormir - to fall asleep
faire les courses - to do errands (shopping)
faire une promenade - to go for a walk
s'habiller - to get dressed

lire un roman - to read a novel
prendre une douche - to take a shower
prendre le petit déjeuner - to have breakfast
préparer le dîner - to prepare dinner
quitter le bureau - to leave the office
regarder la télé. - to watch T.V. (television)
se réveiller - to wake up

Quelle heure est-il ?

**Quelle heure est-il ? Dessine les aiguilles pour
indiquer l'heure écrite au-dessous de chaque pendule.**
What time is it? Draw in the clock hands to indicate the time that is written underneath each clock.

Il est minuit dix.

Il est quatre heures
moins cinq.

Il est huit heures
vingt.

Il est trois heures
et demie.

Il est cinq heures
et quart.

Il est onze heures.

Il est six heures
vingt-cinq.

Il est neuf heures
moins dix.

Il est deux heures
moins le quart.

Il est midi
et demie.

Il est une heure
moins vingt-cinq.

La journée et l'heure - 1

Écris l'heure pour toutes ces activités quotidiennes.
The day and the time. Write the time for all these daily activities.

À _____
Bruno se réveille.

À _____
Bernice prend une douche.

À _____
Roger s'habille.

À _____
Sylvie prend son petit déjeuner.

À _____
Thierry va au travail.

À _____
Coco commence le travail.

À _____
Lulu déjeune.

À _____
Claude quitte le bureau.

À _____
Luc fait une promenade.

16

La journée et l'heure - 2

À _____

Josie fait les courses.

À _____

Bernard prépare le dîner.

À _____

Théodore et Mimi dînent.

À _____

Laurent et Béatrice regardent la télé.

À _____

Sophie lit un roman avant de dormir.

À _____

Guillaume s'endort.

Les animaux

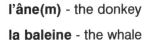

l'âne(m) - the donkey	**le lapin** - the rabbit
la baleine - the whale	**le lion** - the lion
la brebis - the ewe	**le loup** - the wolf
le castor - the beaver	**le morse** - the walrus
le cerf - the deer	**la mouffette** - the skunk
le chameau - the camel	**le mouton** - the sheep
le canard - the duck	**l'oiseau (m)** - the bird
le chat(m), la chatte(f) - the cat	**l'ours(m)** - the bear
le chaton - the kitten	**le phoque** - the seal
le cheval - the horse	**le pingouin** - the penguin
la chèvre - the goat	**le poisson** - the fish
le chien(m) la chienne(f) - the dog	**le porc-épic** - the porcupine
le chiot - the puppy	**le poulet** - the chicken
le cochon - the pig	**le poussin** - the chick
le crocodile - the crocodile	**le raton-laveur** - the raccoon
le dauphin - the dolphin	**le renard** - the fox
l'écureuil(m) - the squirrel	**le rhinocéros** - the rhinoceros
l'élan - the moose	**le serpent** - the snake
l'éléphant(m) - the elephant	**le singe** - the monkey
la girafe - the giraffe	**la souris** - the mouse
le gorille - the gorilla	**le tigre** - the tiger
l'hippopotame(m) - the hippopotamus	**la tortue** - the turtle
le kangourou - the kangaroo	**la vache** - the cow
le koala - the koala	**le zèbre** - the zebra

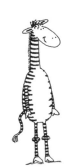

Identifie tous les animaux qui figurent sur cette page.

Name all the animals that are on this page.

Les animaux - 1

Quel est cet animal ? Écris le nom de l'animal en utilisant le vocabulaire ci-dessous.

Which animal is it? Write the name of the animal by using the vocabulary below.

un bouc • un hippopotame • un chien • une baleine • un crocodile • un porc-épic • une girafe
un tigre • un bélier • un ours • un renard • un éléphant • une brebis • une vache
un kangourou • un chameau • un zèbre • un cheval • un élan • un lion

1. C'est ...

2. C'est ...

3. C'est ...

4. C'est ...

5. C'est ...

6. C'est ...

7. C'est ...

8. C'est ...

9. C'est ...

10. C'est ...

11. C'est ...

12. C'est ...

13. C'est ...

14. C'est ...

15. C'est ...

16. C'est ...

17. C'est ...

18. C'est ...

19. C'est ...

20. C'est ...

Les animaux - 2

Trouve les mots suivants dans la grille. Find the following words in the grid.

tortue • chameau • mouton • cheval • mouffette • chaton • poisson • castor • lion
tigre • chien • chat • girafe • porc-épic • rhinocéros • hippopotame • souris • morse
pingouin • écureuil • renard • koala • cochon • chiot • zèbre • vache • brebis • canard
crocodile • poussin • serpent • phoque • éléphant • dauphin • gorille • poulet • cerf

P O R C E P I C M N R H I N O C E R O S M
N E H I P P O P O T A M E N M O R S E K L
B C C T U F C H I E N R T O R T U E J S N
Q P C H A M E A U S G M O U T O N H I O C
C H E V A L G H I M O U F F E T T E P U A
L M C H A T O N J K U Y Z G A B F G I R S
S T P G I R A F E W R X P O I S S O N I T
E N H A N E E S D V O P T R C D E U G S O
R K O A L A L T A U U Q R I S T U R O O R
P O Q P Q R E C U R E U I L G V W S U P E
E J U K E T P A P C S T E L R R X Y I G N
N I E H E Z H N H U O R V E Q C E Z N C A
T H C L A B A A I Y B C E R F G H I A B R
L A U D I C N R N E W X H K L J S I D F D
V O G E F O T D Z C R O C O D I L E O E J
P O U S S I N B R E B I S P N H I M O T N

Le corps

la bouche - mouth	**la langue** - the tongue
le bras/les bras - arm/arms	**la lèvre/les lèvres** - lip/lips
les cheveux(m) - hair	**la main/les mains** - hand/hands
la cheville/les chevilles - ankle/ankles	**le menton** - the chin
le cil/les cils - eyelash/eyelashes	**le nez** - nose
le corps - body	**l'oeil(m)/les yeux** - eye/eyes
le cou - neck	**l'ongle(m)/les ongles** - nail/nails
le coude/les coudes - elbow elbows	**l'oreille(f)/les oreilles** - ear/ears
la dent/les dents - tooth/teeth	**l'orteil(m)/les orteils** - toe/toes
le derrière - behind	**la paupière/les paupières** - eyelid/eyelids
le doigt/les doigts - finger/fingers	**le pied/les pieds** - foot/feet
le dos - back	**le poignet/les poignets** - wrist/wrists
l'épaule(f)/les épaules - shoulder/shoulders	**la poitrine** - chest
les fesses - the buttocks	**le sourcil/les sourcils** - eyebrow/eyebrows
le front - the forehead	**la taille** - waist
le genou/les genoux - knee/knees	**la tête** - head
la gorge - throat	**le torse** - torso
la jambe/les jambes - leg/legs	**le ventre** - stomach
la joue/les joues - the cheek/cheeks	**le visage** - the face

Le vocabulaire et les expressions utiles

attendre quelqu'un à bras ouverts - to wait for someone with open arms

avoir mal à la tête - to have a headache

avoir mal au ventre - to have a stomach ache

se croiser les bras - to cross one's arms

être allongé(e) sur le dos - to lie on one's back

être allongé(e) sur le ventre - to lie on one's stomach

faire une culbulte - to do a somersault

faire le poirier - to do a headstand

faire des pompes - to do push-ups

faire un redressement assis - to do a sit-up

faire la roue - to do a cartwheel

faire signe de la main - to wave

froncer les sourcils - to frown

hausser les épaules - to shrug one's shoulders

se laver la tête - to wash one's hair

lever la jambe - to lift one's leg

montrer du doigt - to point at

ouvrir de grands yeux - to open one's eyes wide open

se pencher à droite - to lean to the right

se pencher à gauche - to lean to the left

perdre la tête - to lose one's mind

se promener bras dessus bras dessous - to walk arm and arm

se serrer la main - to shake hands

tirer la langue à quelqu'un - to stick one's tongue out at someone

Le corps et le visage

Remets les lettres en ordre et écris les parties du corps.

Put the letters in the correct order and write the body parts.

la jambe • l'oreille • le genou • le bras • l'orteil • le coude • le menton • le pied • la main • le nez
le cou • l'épaule • la tête • les fesses • le ventre • le doigt • les lèvres • les cheveux • les yeux
le front • la bouche • le poignet • la cheville • l'œil • la joue • la paupière • les cils • le sourcil

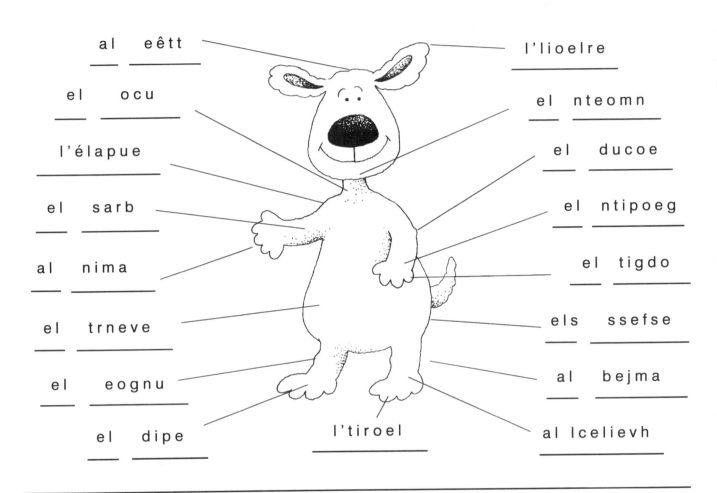

al   eêtt
____ ____

el   ocu
____ ____

l'élapue
_____

el   sarb
____ ____

al   nima
____ ____

el   trneve
____ ____

el   eognu
____ ____

el   dipe
____ ____

l'tiroel
_____

l'lioelre
_____

el   nteomn
____ ____

el   ducoe
____ ____

el   ntipoeg
____ ____

el   tigdo
____ ____

els   ssefse
____ ____

al   bejma
____ ____

al   lcelievh
____ ____

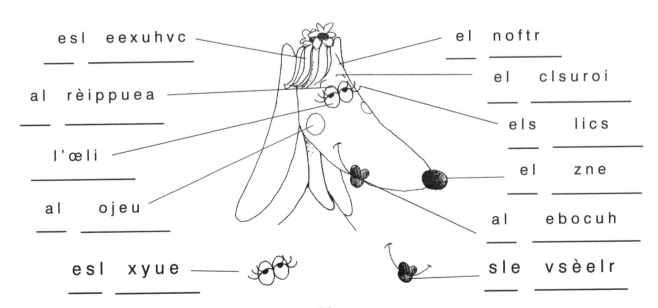

esl   eexuhvc
____ ____

al   rèippuea
____ ____

l'œli
_____

al   ojeu
____ ____

esl   xyue
____ ____

el   noftr
____ ____

el   clsuroi
____ ____

els   lics
____ ____

el   zne
____ ____

al   ebocuh
____ ____

sle   vsèelr
____ ____

22

Le corps - Expressions utiles

Écris la partie du corps qui correspond à chaque dessin et expression idiomatique.
Write the body part which goes with each drawing and expression.

du doigt • la main • la langue • la jambe • le ventre • bras ouverts • de grands yeux • le dos
la tête • bras dessus bras dessous • les épaules • les sourcils • les bras • aux pieds

1. Ils se serrent
_____.

2. Elle hausse
_____.

3. Il lui fait signe de
_____.

4. Il lui tire
_____.

5. Elle fait une arabesque
et lève_____.

6. Elle se lave
_____.

7. Il se croise _____
et fronce _____.

Bienvenue !

8. Il attend Mathilde à
_____.

9. Ils se promènent
_____.

10. Il est allongé sur
_____.

Au secours !!!

11. Elle ouvre _____
_____.

C'est toi !!!

12. Il le montre
_____.

13. Elle est allongée sur
_____.

14. Elle a mal
_____.

Qu'est-ce que
j'ai mal !

15. Elle a mal à
_____.

Les jours et les mois

Les jours

lundi - Monday
mardi - Tuesday
mercredi - Wednesday
jeudi - Thursday
vendredi - Friday
samedi - Saturday
dimanche - Sunday

Le vocabulaire

aller au restaurant - to go to the restaurant
aujourd'hui - today
l'an (m), l'année (f) - the year
l'année prochaine / l'année dernière - next / last year
les cartes de voeux - greeting cards
célébrer - to celebrate
le début - the beginning
se déguiser - to put costumes on
demain - tomorrow
la dinde - turkey
échanger des cadeaux - to exchange gifts
faire la lessive - to do the laundry
hier / hier soir - yesterday / yesterday evening
le jour - the day
en juillet / le 30 juillet - in July / the 30th of July
le lendemain - the next day
lundi prochain / le lundi - next Monday / every Monday
manger - to eat
le mois - the month
monter les valises - to bring up the suitcases
partir en vacances - to go on vacation
passer à l'agence de voyages - to stop by the travel agency
porter - to carry / to wear
préparer un poulet - to prepare a chicken
Quel jour sommes-nous ? - What date is it today?
Quelle est la date ? - What is the date?
rendre visite à des amis - to visit some friends
la rentrée - back to school
rapporter les provisions - to bring in the groceries
retourner les biftecks - to turn the steaks over
la semaine - the week
la semaine prochaine / dernière - next / last week
la tarte à la citrouille - pumpkin pie
travailler au bureau - to work at the office

Les mois

janvier - January
février - February
mars - March
avril - April
mai - May
juin - June
juillet - July
août - August
septembre - September
octobre - October
novembre - November
décembre - December

Les fêtes

la fête de Hanukah - Hanukah (December 4)
la fête des Mères - Mother's Day (May 9)
la fête des Pères - Father's Day (June 20)
la fête des Rois - Twelfth Night (January 6)
la fête du travail - Labour Day (May 1st)
Halloween - Halloween (October 31)
l'heure d'été - daylight savings (April 4)
un jour férié - a holiday (public holiday)
le jour de Noël - Christmas Day (December 25)
le jour de l'An - New Year's Day (January 1st)
le premier juillet - Canada Day (July 1st)
le 14 (quatorze) juillet - Bastille Day
le 4 (quatre) juillet - Independance Day (U.S.)
Noël - Christmas (December 25)
Pâques - Easter
le jour du poisson d'avril - April Fool's Day (April 1st)
le réveillon de Noël - New Year's Eve (December 24)
le réveillon du Nouvel An - New Year's Eve (December 31)
la Saint Patrick - Saint Patrick's Day (March 17)
la Saint Valentin - Valentine's Day (February 14)

Les mois

Quel mois sommes-nous ? Écris le mois approprié au-dessous de chaque image.
Which month are we? Write the correct month underneath each picture.

En _____, c'est la Saint Patrick et nous portons du vert.

En _____, le jour de Thanksgiving, on mange de la dinde et de la tarte à la citrouille.

En _____, on célèbre la fête des Mères.

En _____, en France, c'est la rentrée et on retrouve ses amis à l'école.

En _____, nous nous déguisons pour Halloween.

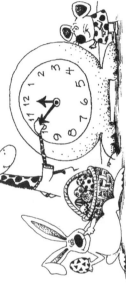

En _____, on passe à l'heure d'été et c'est Pâques qui parfois tombe en mars.

En _____, nous célébrons la fête nationale avec les feux d'artifice.

En _____, nous célébrons le nouvel an.

En _____, c'est la fête des Pères et le début de l'été.

En _____, beaucoup de Français partent en vacances.

En _____, c'est Hanukah et Noël et on échange des cadeaux.

En _____, c'est la Saint Valentin et on échange des cartes de vœux qui disent "Je t'aime." ❤ ❤ ❤

25

Les jours de la semaine

Qu'est-ce qu'on fait cette semaine ? Écris le jour approprié au début de chaque phrase.

What are we doing this week? Write the correct day before each sentence.

---

dimanche

mardi

dimanche

_____ , Sylvie et moi passons à l'agence de voyages.

_____ , je monte les valises.

_____ , Sylvie travaille au bureau.

_____ , Sylvie et moi, nous allons au restaurant.

_____ , je retourne les biftecks sur le gril.

_____ , je prépare un poulet pour le dîner.

_____ , Sylvie descend faire la lessive.

_____ , nous allons à la plage.

_____ , nous rapportons les provisions.

_____ , Sylvie et moi rendons visite à des amis.

mercredi

jeudi

mardi

mercredi

vendredi

lundi

samedi

Le signalement et les sentiments

Il est... - He is... **Elle est...** - She is...

agressif /agressive - aggressive
aimable - kind, nice
amoureux / amoureuse - in love
animé / animée - lively
appliqué / appliquée - industrious
attentionné / attentionnée - thoughtful, considerate
bavard /bavarde - talkative
beau / belle - handsome
blond / blonde - blond
brun / brune - dark-haired (brown-haired)
calme - calm
chaleureux / chaleureuse - warm, friendly
charmant / charmante - charming
chic - chic
content / contente - glad, pleased, happy
cool - cool
coquet / coquette - stylish, concious of appearance
costaud / costaude - strong, sturdy
courageux / courageuse - brave
cultivé /cultivée - cultivated
curieux / curieuse - curious
décontracté / décontractée - relaxed, laid-back
détendu / détendue - relaxed
discret / discrète - discreet, reserved
doux / douce - sweet
drôle - funny
économe - thrifty
énervé / énervée - irritated
équilibré / équilibrée - stable, level-headed
enthousiaste - enthusiastic
espiègle - mischievous
exigeant / exigeante - demanding
fabuleux / fabuleuse - fabulous
fâché / fâchée - angry
faible - weak
fatigué / fatiguée - tired
fort / forte - strong
franc / franche - frank
frustré / frustrée - frustrated
génial / géniale - great
généreux / généreuse - generous
gentil / gentille - kind
grand / grande - tall
gros / grosse - big, fat
heureux / heureuse - happy
honnête - honest
impatient / impatiente - impatient
indépendant / indépendante - independant
intelligent / intelligente - intelligent
intéressant / intéressante - interesting

joli / jolie - pretty, attractive
petit / petite - short
maigre - thin
maladroit / maladroite - clumsy
malheureux / malheureuse - unhappy
marrant /marrante - funny
mesquin / mesquine - mean, petty
méticuleux / méticuleuse - meticulous
mince - slim
mignon / mignonne - cute
musclé / musclée - muscular
nerveux / nerveuse - nervous
occupé / occupée - busy
opiniâtre - opinionated
optimiste - optimist
ouvert / ouverte - open
patient / patiente - patient
pessimiste - pessimistic
poli / polie - polite
potelé / potelée - chubby
pratique - practical
profond / profonde - profound
raisonnable - reasonable
réservé / réservée - reserved
rigolo / rigolote - funny
roux / rousse - (has) red hair
sage - wise
sensible - sensitive
sérieux / sérieuse - serious
sincère - sincere
souriant / souriante - cheerful, smiling
spirituel / spirituelle - witty
sportif / sportive - athletic
svelte - slender
sympathique (sympa) - nice
de taille moyenne - medium
têtu / têtue - stubborn
timide - shy
travailleur / travailleuse - hard working
triste - sad

Il a... He has... **Elle a...** She has...

les cheveux courts - short hair
les cheveux frisés - curly hair
les cheveux longs - long hair
les cheveux raides - straight hair
une frange - bangs
des taches de rousseur - freckles
les yeux bleus - blue eyes
les yeux marrons - brown eyes
les yeux verts - green eyes

Et toi ? Comment te sens-tu aujourd'hui ? And you? How are you feeling today?

Je me sens _____.

Le signalement - 1

Qui est-ce ? Voici quelques-uns de nos amis. Choisis la description appropriée de chaque ami et écris le numéro dans la case.

Who is it? Here are some of our friends. Choose the correct description of each friend and write the number in the box.

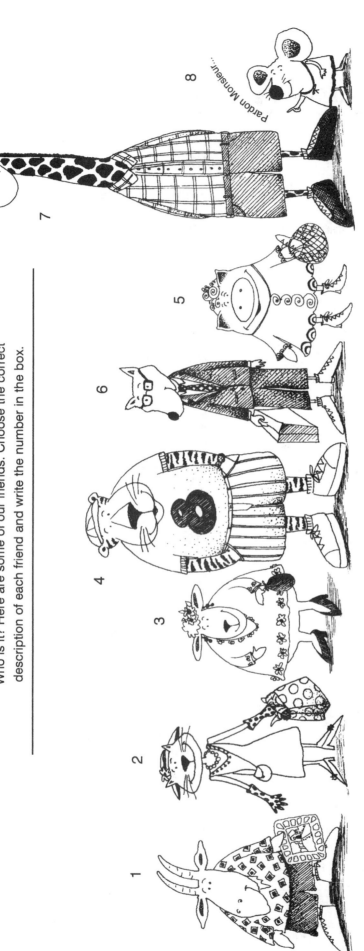

28

Je suis maigre, de taille moyenne et très réservé. Je ne vois pas très bien, alors je porte des lunettes.

Je suis toute petite et j'ai de grosses oreilles. Les gens ne me remarquent pas souvent, mais je suis mignonne.

Je suis svelte, chic et très coquette. J'aime faire les magasins.

Je suis grand, costaud et très cool. J'ai un gros nez et de petites oreilles. J'aime faire du sport.

Je suis très grand, décontracté et mince. J'ai un cou très long.

Je suis petite, mais aussi un peu grosse. Je dois me mettre au régime. Je suis comme une boule de laine.

Je suis petite, potelée, j'ai un grand sourire et j'ai les oreilles pointues.

Je suis petit, potelé et j'ai des cornes. J'aime collectionner les tableaux.

Le signalement - 2

Décris Lulu et Roger en cochant les cases appropriées.

Describe Lulu and Roger by checking the correct boxes.

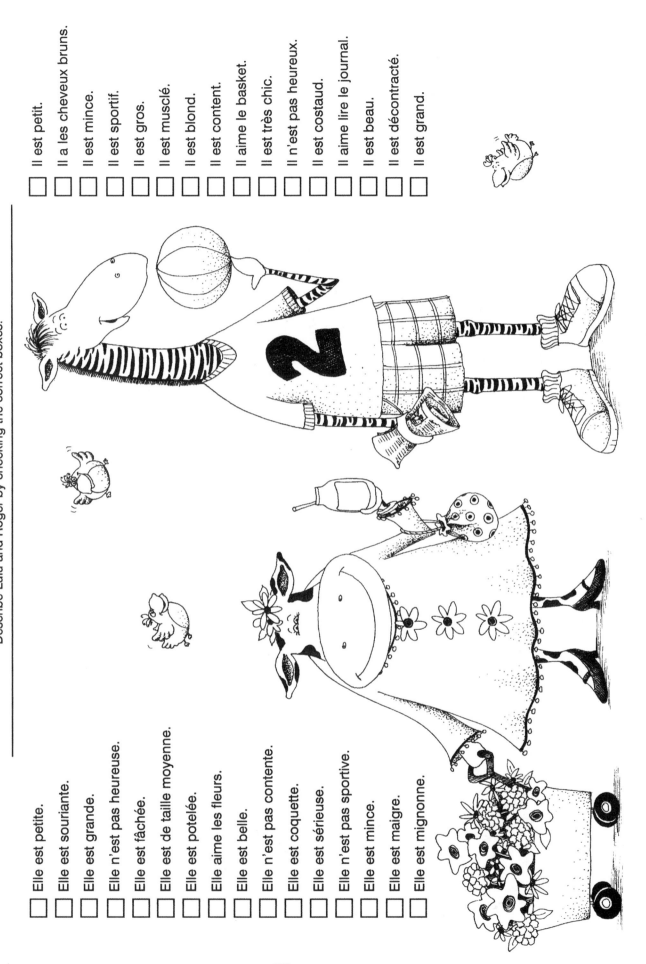

☐ Il est petit.
☐ Il a les cheveux bruns.
☐ Il est mince.
☐ Il est sportif.
☐ Il est gros.
☐ Il est musclé.
☐ Il est blond.
☐ Il est content.
☐ Il aime le basket.
☐ Il est très chic.
☐ Il n'est pas heureux.
☐ Il est costaud.
☐ Il aime lire le journal.
☐ Il est beau.
☐ Il est décontracté.
☐ Il est grand.

☐ Elle est petite.
☐ Elle est souriante.
☐ Elle est grande.
☐ Elle n'est pas heureuse.
☐ Elle est fâchée.
☐ Elle est de taille moyenne.
☐ Elle est potelée.
☐ Elle aime les fleurs.
☐ Elle est belle.
☐ Elle n'est pas contente.
☐ Elle est coquette.
☐ Elle est sérieuse.
☐ Elle n'est pas sportive.
☐ Elle est mince.
☐ Elle est maigre.
☐ Elle est mignonne.

29

Les sentiments - 1

Pour mieux connaître Lulu et Thomas, trouve tous les adjectifs, entoure-les et dis-les à haute voix.

To know Lulu and Thomas better, find all of the adjectives, circle them and say them out loud.

Lulu est...

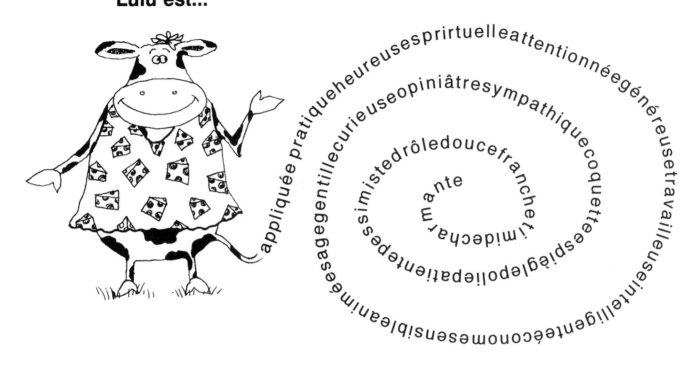

Thomas est...

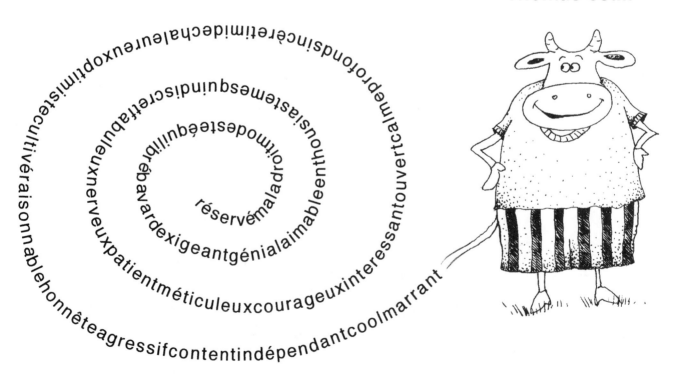

Les sentiments - 2

Comment se sentent-ils ? Choisis le sentiment qui décrit le mieux chaque image et coche la case.
How are they feeling? Choose the emotion which describes best each picture and check the box.

☐ Il est amoureux.
☐ Il est têtu.

☐ Elle est appliquée.
☐ Elle est forte.

☐ Il est heureux.
☐ Il est impatient.

☐ Elle est rigolote.
☐ Elle est patiente.

☐ Il est sérieux.
☐ Il est chaleureux.

☐ Elle est détendue.
☐ Elle est gentille.

☐ Il est énervé.
☐ Il est timide.

☐ Elle est frustrée.
☐ Elle est triste.

☐ Il est heureux.
☐ Il est malheureux.

☐ Elle est bavarde.
☐ Elle est curieuse.

☐ Il est énervé.
☐ Il est maladroit.

☐ Elle est triste.
☐ Elle est nerveuse.

Les sentiments - 3

Comment se sentent-ils? Relie chaque phrase au dessin qui convient.

How are they feeling? Draw a line between each phrase and the correct drawing.

1.

2. Je n'en reviens pas !!!

3.

4.

14.

5. Je vous en prie.

Merci bien.

Je n'en peux plus !

13.

Je suis pris toute la semaine.

12.

6.

11.

7. En veux-tu ?

Oui, merci.

Elle a peur.

Il est gentil.

Elle est animée.

Il est têtu.

Il est fâché.

Il est occupé.

Elle est contente.

Il est généreux.

Il est intelligent.

Elle est malheureuse.

Il est calme.

Il est poli.

Elle est méticuleuse.

Il est fatigué.

10. Non, Non, Non !!!

S'il te plaît?

9. Merci Monsieur.

8.

Les contraires

acide - acid, tart / **doux/douce** - soft, sweet, mild
en bas (de) - below / **en haut (de)** - above
beau/belle - beautiful / **laid/laide** - ugly
bon/bonne - good / **mauvais/mauvaise** - bad
chaud/chaude - hot / **froid/froide** - cold
court/courte - short / **long/longue** - long
difficile - difficult / **facile** - easy
dur/dure - hard / **mou/molle** - soft
épais/épaisse - thick / **fin/fine** - fine, thin
étroit/étroite - narrow / **large** - wide
faible - weak / **fort/forte** - strong
fermé/fermée - closed / **ouvert/ouverte** - open
grand/grande - tall, big / **petit/petite** - small, little
gros/grosse - big, fat / **mince** - thin
heureux/heureuse - happy / **triste** - sad
léger/légère - light / **lourd/lourde** - heavy
lent/lente - slow / **rapide** - fast
mouillé/mouillée - wet / **sec/sèche** - dry
*neuf/neuve - new
nouveau/nouvelle - new / **vieux/vieille** - old
au pied (de) - at the bottom (of a hill) / **au sommet (de)** - at the top (of a hill)
plein/pleine - full / **vide** - empty
propre - clean / **sale** - dirty

*J'ai une bicyclette **neuve**.
J'ai une **nouvelle** bicyclette.

Complète les phrases suivantes.
Complete the following sentences.

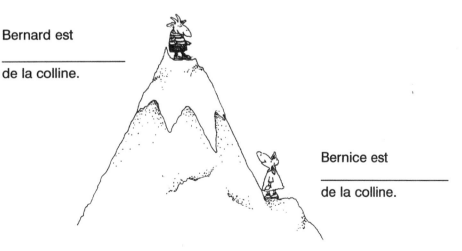

Bernard est

_____

de la colline.

Bernice est

_____

de la colline.

33

Les contraires - 1

Écris les contraires de tous les adjectifs en utilisant le vocabulaire ci-dessous.
Write the opposites of all of the adjectives by using the vocabulary below.

belle • sèche • neuve • ouverte • fine • triste • lourd • difficile

Il est mouillé..   Elle est _____

La fenêtre est
fermée.

La fenêtre est
_____

Elle est légère.   Il est _____

C'est facile.   C'est _____

La voiture est
vieille.

La voiture est
_____

Sa robe est
laide.

Sa robe est
_____

Il est heureux.   Il est _____

C'est une tranche
épaisse.

C'est une tranche
_____

34

Les contraires - 2

Écris les contraires de tous les adjectifs en utilisant le vocabulaire ci-dessous.
Write the opposites of all of the adjectives by using the vocabulary below.

lente • douce • propre • mince • froid • long • dure • bon

Il est court. Il est _____

Elle est rapide. Elle est _____

J'ai chaud. J'ai _____

Le citron est acide. La pomme est _____

Il est sale. Elle est _____

Le vin est mauvais. Le vin est _____

Le coussin est mou. La brique est _____

Il est gros. Il est _____

35

Les contraires - 3

Écris le numéro de la bonne description dans le cercle qui se trouve à côté de chaque image.
Write the number of the correct description in the circle next to each picture.

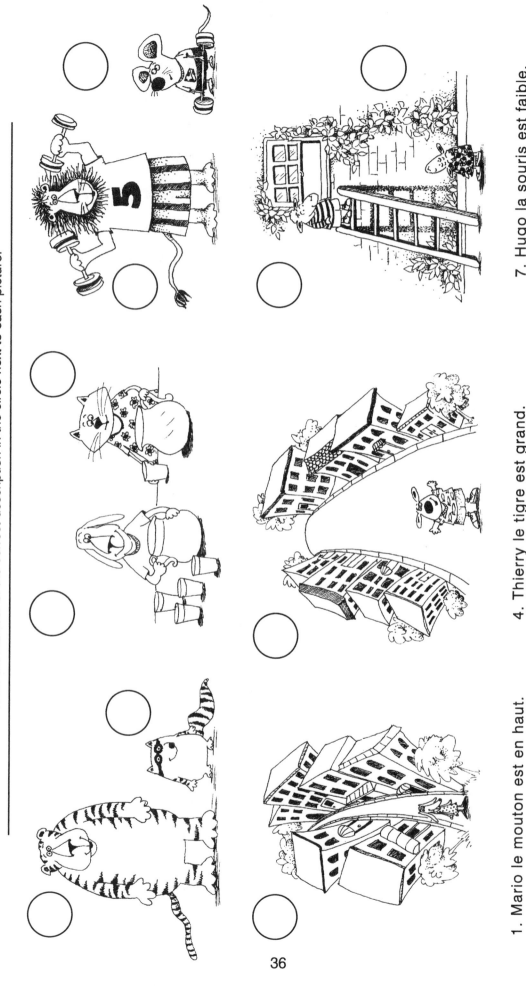

1. Mario le mouton est en haut.

2. Mimi la chatte a une cruche vide.

3. Bruno le chien est dans la rue qui est large.

4. Thierry le tigre est grand.

5. Claude le chien a une cruche pleine.

6. Lily la chienne est dans la rue étroite.

7. Hugo la souris est faible.

8. Rémi le raton laveur est petit.

9. Bernice la brebis est en bas.

10. Lucas le lion est fort.

36

Les aliments - 1

l'assiette de crudités - plate of raw vegetables
une baguette - a baguette
le beignet - doughnut
le beurre - butter
le biscuit salé - cracker
une boîte de sardines - a can of sardines
une boîte de céréales - a box of cereal
des céréales (f) - cereal
les chips (f) - chips
les condiments - condiments
la confiture - jam
les conserves (f) - canned food
le cornichon - pickle
la crème - cream
le croissant - croissant
le croque-monsieur - grilled ham and cheese sandwich
les épices (f) - seasoning
la farine - flour
les frites (f) - French fries
le fromage - cheese
l'huile d'olive - olive oil
le ketchup - ketchup
la margarine - margarine
le miel - honey
la moutarde - mustard
les nouilles - noodles
l'oeuf (m), les oeufs (pl) - egg, eggs
l'oeuf à la coque - soft boiled egg
l'omelette - omelette
le pain - bread
le pain au chocolat - chocolate croissant
le pain grillé - toast
un paquet de riz (m) - a box of rice
le paté - paté
les pâtes - pasta
de la pizza - pizza
une plaque de beurre - a pack of butter
le poivre - pepper
les (pommes) frites - French fries
les produits (m) congelés - frozen food
la quiche - quiche
la salade verte - green salad
le sandwich - sandwich
le sel - salt
la soupe - soup
les spaghettis - spaghetti
le sucre - sugar
le vinaigre - vinegar
le yaourt - yogurt

Les fruits et les légumes
Fruits and vegetables

l'abricot (m) - apricot
l'ail (m) - garlic
l'ananas (m) - pineapple
l'artichaut (m) - artichoke
les asperges (f) - asparagus
l'aubergine (f) - eggplant
la banane - banana
la betterave - beet
le brocoli - broccoli
le brugnon - nectarine
la carotte - carrot
le céleri - celery
les cerises (f) - cherries
le champignon - mushroom
le chou - cabbage
le chou-fleur - cauliflower
la citrouille - pumpkin
le citron - lemon
le concombre - cucumber
la courgette - zucchini
les épinards (m) - spinach
les fraises (f) - strawberries
les frambroises (f) - raspberries
les frites (f) - French fries
les haricots (m) - beans
les haricots verts - green beans
le kiwi - kiwi
la lettue - lettuce
le maïs - corn
le melon - melon
les myrtilles (f) - blueberries
l'oignon (m) - onion
l'orange (f) - orange
le pamplemousse - grapefruit
la pastèque - watermelon
la pêche - peach
le persil - parsley
les petits pois (m) - peas
le piment - pimiento
la poire - pear
le poivron (rouge/vert) - pepper (red/green)
la pomme - apple
la pomme de terre (cuite au four) potato (baked)
la prune - plum
le raisin - grapes
le radis - radish
la salade / la laitue - lettuce
la tomate - tomato

Les aliments - 2

Les viandes et la volaille
Meats and poultry

le bifteck - steak
le bifteck haché - hamburger meat
le bœuf - beef
la choucroute garnie - sauerkraut with meat
la côtelette de mouton - lamb chop
la côtelette de porc - pork chop
la dinde - turkey
le gigot d'agneau - leg of lamb
un hamburger - a hamburger
un hot dog - a hot dog
le jambon - ham
le poulet - chicken
le porc - pork
le rôti - roast

Les poissons - Fish

le bar - sea bass
les crevettes (f) - shrimp
les crustacés - shellfish
le flétan - halibut
les fruits de mer - seafood
le homard - lobster
la morue - cod
le saumon - salmon
la sole - sole
la truite - trout

Les boissons - Drinks

une bouteille d'eau minérale - a bottle of
mineral water
un café - a coffee
un déca - a decafeinated coffee
de l'eau gazeuse - sparkling water
de l'eau non gazeuse - non sparkling water
une infusion - an herbal tea
le jus de fruit - fruit juice
un jus d'orange - an orange juice
le lait - milk
une limonade - a lemonade
un soda - a soft drink
une tasse de chocolat chaud - a cup of
hot chocolate
un thé - a tea
un verre d'eau - a glass of water
le vin - wine

Les desserts - Desserts

les bonbons - candies
le chocolat - chocolate
le cornet de glace - ice cream cone
la crème caramel - crème caramel
le fruit - fruit
le gâteau (au chocolat) - (chocolate) cake
la glace - ice cream
la mousse au chocolat - chocolate mousse
la pâtisserie - pastry
le petit gâteau (sec) / le biscuit - cookie
la tarte (aux pommes) - (apple) tart
la tarte Tatin - caramelized apple tarte

une boîte de chocolats - a box of chocolates
une boîte de thon - a can of tuna
un kilo de pommes
a kilo of apples (approximately 2 pounds)
un litre de lait - a litre of milk
une livre de pêches - a pound of peaches
500 grammes de gruyère
500 grams of gruyère cheese
5 tranches épaisses / fines de jambon
5 slices thick / thin of ham
un sac de poires - a bag of pears

Les verbes - Verbs

boire - to drink
Je bois un jus d'orange.
I'm drinking an orange juice.
déjeuner - to have lunch
Je déjeune. - I'm having lunch.
dîner - to have dinner
Je dîne. - I'm having dinner.
faire les courses - to go shopping
Je fais les courses. - I'm shopping.
le goûter - 5 o'clock snack
manger une pomme - to eat an apple
Je mange une pomme.
I'm eating an apple.
prendre le petit déjeuner - to have breakfast
Je prends le petit déjeuner.
I'm having breakfast.
Je prends un chocolat chaud.
I'll have a hot chocolat.
Je voudrais du chocolat.
I would like some chocolate.

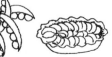

Les aliments préférés de Sylvie

Voilà quelques aliments préférés de Sylvie. Relie chaque mot écrit ci-dessous à l'aliment approprié.

Here are some of Sylvie's favorite foods. Draw a line between each word written below to the correct food article.

un concombre

un cornet de glace

du riz

une sucette

une citrouille

des petits pois

des radis

du lait

des croissants

des cerises

du raisin

un biscuit

des bananes

des bonbons

un pamplemousse

du fromage

un oeuf à la coque
avec du pain grillé

des cornichons

un hot dog

du maïs

du persil

un steak

un poulet

un hamburger

une lettue

de la moutarde

des abricots

du céleri

une baguette

du beurre

une tomate

un citron

une tarte aux pommes

du chocolat

Les aliments préférés de Bruno

Voilà quelques aliments préférés de Bruno. Relie chaque mot écrit ci-dessous à l'aliment approprié.

Here are some of Bruno's favorite foods. Draw a line between each word written below to the correct food article.

de la pastèque	des pommes de terre
un sandwich	un beignet
une orange	des yaourts
du jambon	du pain
des oignons	une pomme
une pêche	des frites
des artichauts	un poivron
du gâteau	des prunes
des asperges	une poire
de la pizza	des fraises
des céréales	un ananas
des myrtilles	des frambroises
des spaghettis	des carottes

40

Qu'est-ce qu'on prend pour le petit déjeuner ?

Qu'est-ce que tu prends pour le petit déjeuner et pour le goûter ? Coche les cases de ton choix.
What are you having for breakfast and for afternoon snack? Check the boxes of your choice.

Pour le petit déjeuner, je prends...

☐ un chocolat chaud ☐ un café (au lait) ☐ un thé

☐ avec du miel ☐ avec du citron ☐ avec du sucre ☐ avec de la crème

☐ un jus d'orange ☐ une orange ☐ un pamplemousse ☐ des céréales ☐ avec des fraises ☐ du lait

☐ du pain grillé ☐ du beurre ☐ des croissants ☐ de la confiture

Pour le goûter, je prends...

☐ une limonade ☐ un jus de pomme ☐ un verre d'eau

☐ un petit gâteau ☐ un pain au chocolat

41

Qu'est-ce qu'on mange pour le déjeuner ?

Qu'est-ce que tu prends pour le déjeuner ? Coche les cases de ton choix.
What are you having for lunch? Check the boxes of your choice.

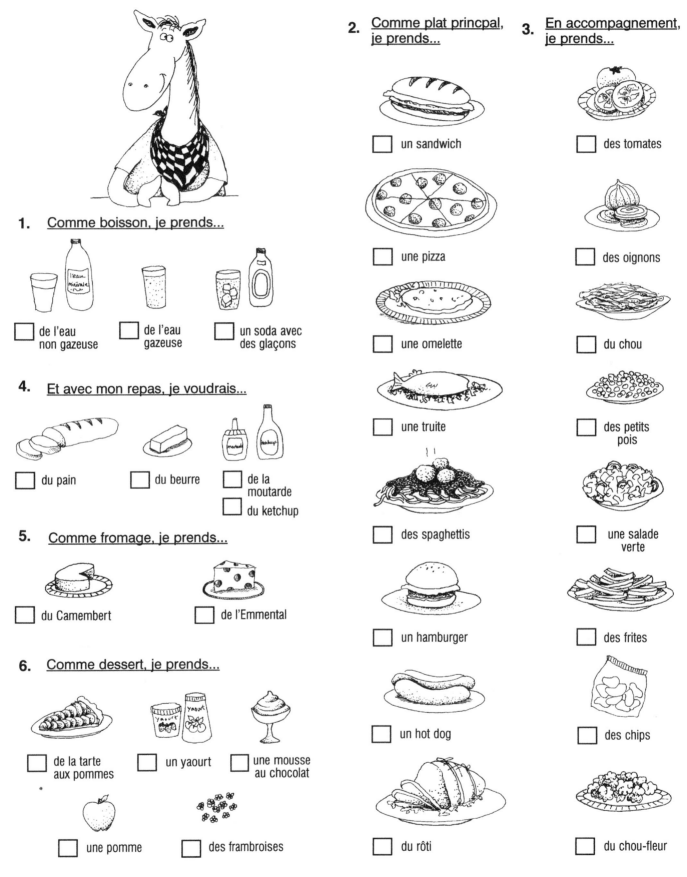

1. Comme boisson, je prends...

☐ de l'eau non gazeuse

☐ de l'eau gazeuse

☐ un soda avec des glaçons

4. Et avec mon repas, je voudrais...

☐ du pain

☐ du beurre

☐ de la moutarde
☐ du ketchup

5. Comme fromage, je prends...

☐ du Camembert

☐ de l'Emmental

6. Comme dessert, je prends...

☐ de la tarte aux pommes

☐ un yaourt

☐ une mousse au chocolat

☐ une pomme

☐ des frambroises

2. Comme plat princpal, je prends...

☐ un sandwich

☐ une pizza

☐ une omelette

☐ une truite

☐ des spaghettis

☐ un hamburger

☐ un hot dog

☐ du rôti

3. En accompagnement, je prends...

☐ des tomates

☐ des oignons

☐ du chou

☐ des petits pois

☐ une salade verte

☐ des frites

☐ des chips

☐ du chou-fleur

Qu'est-ce qu'on mange ce soir ?

Qu'est-ce que tu prends pour le dîner ? Coche les cases de ton choix.
What are you having for dinner? Check the boxes of your choice. Follow the numbers in sequence.

1. Comme boisson, je prends...

☐ de l'eau non gazeuse

☐ de l'eau gazeuse

☐ un verre de vin

2. Comme entrée, je prends...

☐ une soupe aux poireaux

☐ des artichauts avec une sauce

☐ une salade verte

3. Et avec mon repas, je voudrais...

☐ du pain

☐ du beurre

☐ de la moutarde

6. Comme dessert, je prends...

☐ du gâteau au chocolat

☐ une crème caramel

☐ de la glace

☐ une pêche

7. Pour terminer, je prends...

☐ un café

☐ une infusion

☐ avec de la crème

☐ avec du sucre

4. Comme plat princpal, je prends...

☐ du saumon

☐ des pâtes

☐ du poulet rôti

☐ des côtelettes de porc

☐ un steak frites

☐ du jambon

☐ une choucroute garnie

5. En accompagnement, je prends...

☐ des courgettes

☐ des carottes

☐ une pomme de terre cuite au four

☐ des asperges

☐ des betteraves

☐ des épinards

☐ du brocoli

☐ des haricots verts

43

Qu'est-ce qu'il y a dans le frigo ?

Bruno, Sylvie et Thierry ont faim. Écris tout ce que tu vois dans le frigo qu'ils peuvent manger. Ensuite, coche une case pour chaque aliment. J'aime... I like..., **J'adore...** I love..., **Je n'aime pas...** I don't like... What is in the fridge? Bruno, Sylvie and Thierry are hungry. Write everything that you see in the fridge that they can eat. Then, check a box for each food.

Dans le frigo, il y a... _____

_____

_____

_____

Sondage **Coche une case pour chaque aliment.**	la glace	les hot dogs	les bananes	le pain	le fromage	le gâteau	les céréales	les oranges	le brocoli
J'aime...									
J'adore...									
Je n'aime pas...									

Au café • Qu'est-ce que tu prends ?

Tu es au café. Dis à haute voix et ensuite, écris ce que tu vas prendre. Exemple: Je prends un chocolat chaud, un café, une infusion, etc.

You're at a café. Say out loud and then, write what you are going to take. Example: I'll take a hot chocolate, a coffee, an herbal tea, etc.

prendre - to take

je prends - I take, I do take, I am taking
tu prends - you take (fam. sing.), …
il prend - he takes, … **elle prend** - she takes, …
on prend - one takes (we take), …
nous prenons - we take, …
vous prenez - you take (sing. formal & pl.), …
ils/elles prennent - they take (masc./fem. pl.), …

Je prends... _____

_____

_____

_____

_____

_____

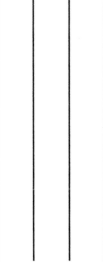

BOISSONS

CAFÉ
DÉCA
THÉ
CHOCOLAT CHAUD
JUS DE FRUIT
EAU MINÉRALE
INFUSION

BUFFET

SANDWICH AU JAMBON
CROQUE-MONSIEUR
OMELETTE
PIZZA
QUICHE
ASSIETTE DE CRUDITÉS

DESSERTS

TARTE AUX POMMES
TARTE TATIN
GÂTEAU AU CHOCOLAT
MOUSSE AU CHOCOLAT
PÂTISSERIE

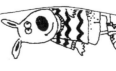
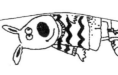
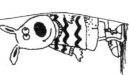

Le temps et les saisons

Les saisons - The seasons
Quelle est ta saison préférée ? What is your favorite season?
Je préfère... le printemps, l'été, l'automne, l'hiver.

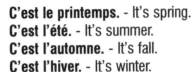

C'est le printemps. - It's spring.
C'est l'été. - It's summer.
C'est l'automne. - It's fall.
C'est l'hiver. - It's winter.

au printemps - in the spring
en été - in the summer
en automne - in the fall
en hiver - in the winter

Le temps - The weather
Quel temps fait-il? - What is the weather like?

C'est la canicule. - It's a heatwave.
Il fait beau. - The weather is beautiful.
Il fait bon. - It's pleasant outside.
Il fait frais. - It's chilly / cool.
Il fait froid. - It's cold.
Il fait une chaleur insupportable. - The heat is unbearable.
Il fait chaud. - It's hot.
Il fait gris. / Le ciel est gris. - It's overcast (grey).
Il fait mauvais. - The weather is bad.
Il fait du soleil. - It's sunny.
Il fait 26º(degrés) sur Paris. - It's 85º in Paris.
Il fait un temps affreux. - The weather is horrible.
Il fait un temps magnifique. - The weather is beautiful.
Il fait du vent. - It's windy
Il grêle. - It's hailing.
Il neige. - It's snowing.
Il pleut. - It's raining.
Il tonne. - It's thundering.
Il y a un arc-en-ciel. - There is a rainbow.
Il y a du brouillard. - It's foggy.
Il y a une éclaircie. - There is a sunny spot.
Il y a des éclairs. - There is lightning.
Il y a des nuages. - It's cloudy.
Il y a du tonnerre. - There is thunder.
Le ciel est nuageux. - It's cloudy.
Le ciel se dégage. - It's clearing up.
Le soleil brille. - The sun is shining.
Les feuilles tombent. - The leaves are falling.

le brouillard - the fog
le climat - the climate
une flaque d'eau - a puddle
la foudre (les éclairs) - the lightning
une goutte d'eau - a raindrop
la grêle - the hail
la météo - the weather report
la neige - the snow
le nuage - the cloud
la pluie - the rain
la tempête - the storm
le tonnerre - the thunder
le vent - the wind

Quel temps fait-il ? - 1

1. Il fait _____.

2. Il fait _____.

3. Il _____.

4. Il y a _____.

5. Le ciel est _____.

6. Il _____.

7. Il _____.

8. Il y a des _____.

47

Quel temps fait-il ? - 2

Coche les phrases qui décrivent le mieux chaque image. Check the sentences which describe best each picture.

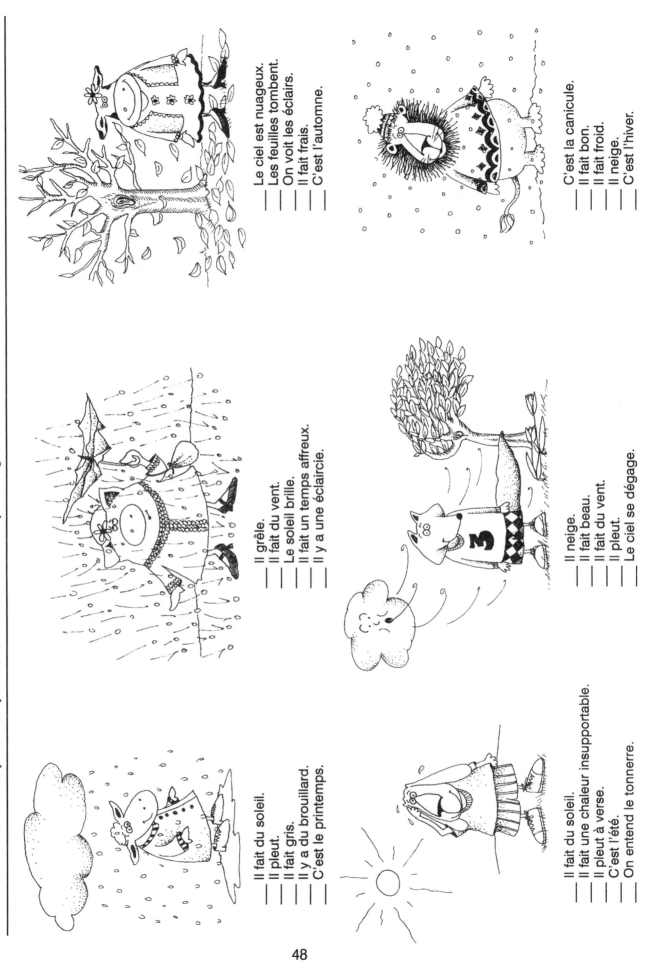

Le ciel est nuageux.
Les feuilles tombent.
On voit les éclairs.
Il fait frais.
C'est l'automne.

C'est la canicule.
Il fait bon.
Il fait froid.
Il neige.
C'est l'hiver.

Il grêle.
Il fait du vent.
Le soleil brille.
Il fait un temps affreux.
Il y a une éclaircie.

Il neige.
Il fait beau.
Il fait du vent.
Il pleut.
Le ciel se dégage.

Il fait du soleil.
Il pleut.
Il fait gris.
Il y a du brouillard.
C'est le printemps.

Il fait du soleil.
Il fait une chaleur insupportable.
Il pleut à verse.
C'est l'été.
On entend le tonnerre.

48

Quel temps fait-il ? - 3

Décris chaque image en utilisant le vocabulaire ci-dessous. Ensuite, écris le numéro de la description qui correspond à chaque image.
Describe each picture by using the vocabulary below. Then write the number of the correct description for each picture in the circle.

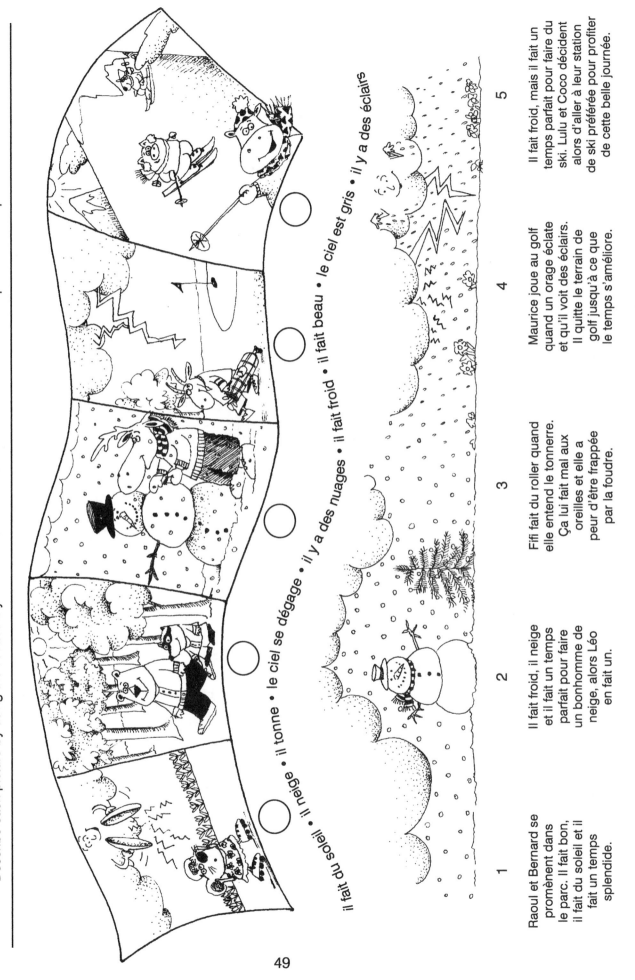

il fait du soleil • il neige • il tonne • le ciel se dégage • il y a des nuages • il fait froid • il fait beau • le ciel est gris • il y a des éclairs

1

Raoul et Bernard se promènent dans le parc. Il fait bon, il fait du soleil et il fait un temps splendide.

2

Il fait froid, il neige et il fait un temps parfait pour faire un bonhomme de neige, alors Léo en fait un.

3

Fifi fait du roller quand elle entend le tonnerre. Ça lui fait mal aux oreilles et elle a peur d'être frappée par la foudre.

4

Maurice joue au golf quand un orage éclate et qu'il voit des éclairs. Il quitte le terrain de golf jusqu'à ce que le temps s'améliore.

5

Il fait froid, mais il fait un temps parfait pour faire du ski. Lulu et Coco décident alors d'aller à leur station de ski préférée pour profiter de cette belle journée.

49

Quel temps fait-il ? - 4

Décris chaque image en utilisant le vocabulaire ci-dessous. Ensuite, écris le numéro de la description qui correspond à chaque image.
Describe each picture by using the vocabulary below. Then write the number of the correct description for each picture in the circle.

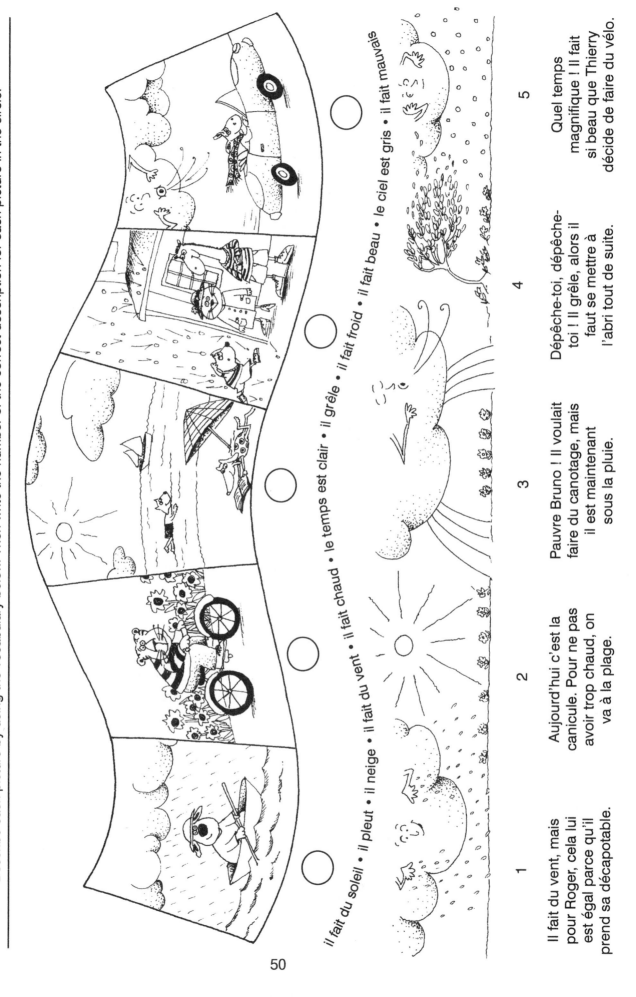

il fait du soleil • il pleut • il neige • il fait du vent • il fait chaud • le temps est clair • il grêle • il fait froid • il fait beau • le ciel est gris • il fait mauvais

1
Il fait du vent, mais
pour Roger, cela lui
est égal parce qu'il
prend sa décapotable.

2
Aujourd'hui c'est la
canicule. Pour ne pas
avoir trop chaud, on
va à la plage.

3
Pauvre Bruno ! Il voulait
faire du canotage, mais
il est maintenant
sous la pluie.

4
Dépêche-toi, dépêche-
toi ! Il grêle, alors il
faut se mettre à
l'abri tout de suite.

5
Quel temps
magnifique ! Il fait
si beau que Thierry
décide de faire du vélo.

La météo pour la semaine

Quel temps fait-t-il cette semaine ? Écris le temps qu'il fait pour chaque jour de la semaine en utilisant le vocabulaire suivant.
What is the weather is for each day by using the following vocabulary.

Il y a du brouillard. • Il fait du soleil. • Il neige. • Il pleut. • Il fait du vent. • Il y a du tonnerre et des éclairs. • Il grêle.

vendredi

samedi

dimanche

Quel temps fait-il chez toi ?

lundi

mardi

mercredi

jeudi

La météo

Quel temps fait-il sur la France ? Annonce la météorologie en utilsant le vocabulaire ci-dessous.
Exemple: Sur Paris, il fait 23°(degrés) et il pleut. What is the weather in France? Give the
weather by using the vocabulary below. Example: In Paris, it's 23° (72° Fahrenheit) and it's raining.

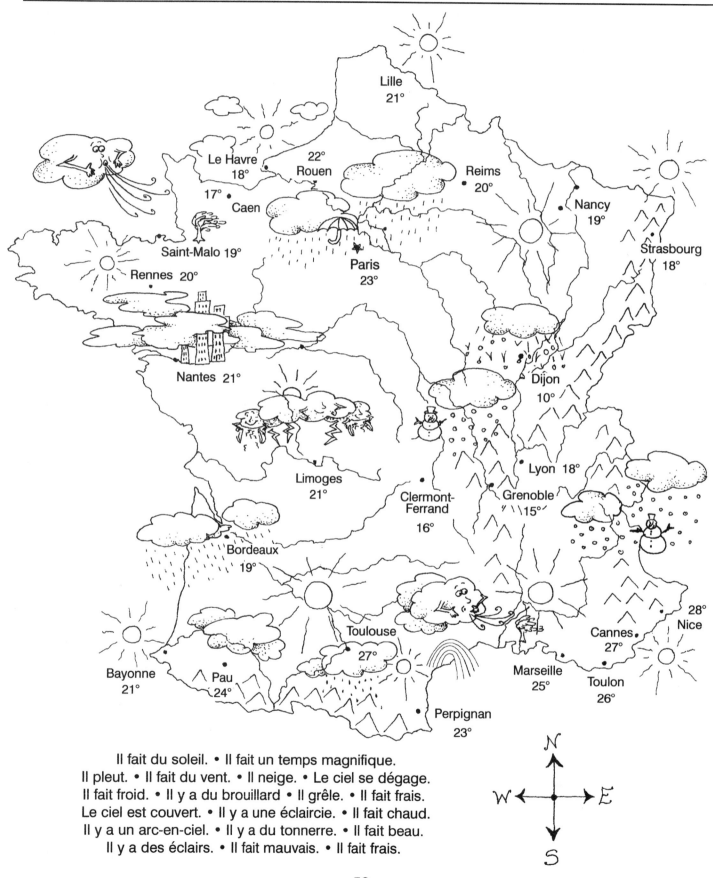

Il fait du soleil. • Il fait un temps magnifique.
Il pleut. • Il fait du vent. • Il neige. • Le ciel se dégage.
Il fait froid. • Il y a du brouillard • Il grêle. • Il fait frais.
Le ciel est couvert. • Il y a une éclaircie. • Il fait chaud.
Il y a un arc-en-ciel. • Il y a du tonnerre. • Il fait beau.
Il y a des éclairs. • Il fait mauvais. • Il fait frais.

Les vêtements et les affaires personnelles - Clothing and Personal Articles

l'alliance - the wedding ring
l'anorak (m) - the ski parka
la bague - the ring
les baskets - the tennis shoes
le béret - the beret
le bikini - the bikini
les bijoux (m) - jewelry
le blouson - the jacket (bomber type jacket or windbreaker)
le bonnet (de ski) - the hat (ski type hat)
les bottes (f) - the boots
les (bottes (f) de) caoutchouc - the galoshes
les boucles d'oreilles (f) - the earrings
le bouton - the button
le bracelet - the bracelet
la broche - the brooch
le cardigan - the button down sweater
le casque - the helmet
la casquette - the cap (baseball cap)
la ceinture - the belt
le chandail - the sweater (button down)
le chapeau - the hat
les chaussettes (f) - the socks
les chaussures (f) - the shoes
les chaussures (f) de marche - the walking shoes
la chemise - the shirt
le chemisier - the blouse
les collants - tights, leggings
le collier - the necklace
le costume - the suit (for men)
en coton - made of cotton
la cravate - the tie
le débardeur - the tank top
l'écharpe (f) - the scarf
les escarpins (m) - the high heeled shoes
la fermeture éclair - the zipper

le foulard - the scarf
les gants - the gloves
le gilet - the vest
l'imperméable (m) - the raincoat
le jean - the jeans
le jogging - the sweats, jogging outfit
la jupe - the skirt
en laine - woolen, made of wool
les lunettes (f) - the eyeglasses
les lunettes de soleil - the sunglasses
le maillot de bain - the bathing suit
le maillot/tricot de corps - the undershirt
le manteau - the coat
les mitaines (f)/les moufles (f) - the mittens
les mocassins (m) - the loafers
la montre - the watch
le panier - the basket
le pantalon - the pants
les pantoufles - the slippers
le parapluie - the umbrella
la poche - the pocket
le pull - the pullover sweater
le pyjama - the pyjamas
la robe - the dress
le sac (à main) - the purse
la salopette - the overalls
les sandales (f) - the sandals
le short - the shorts
le slip / caleçon de bain - the swimming trunks
les sous-vêtements - the underwear
le survêtement - the sweatsuit
le tailleur - the suit (for women)
le T-shirt/tee-shirt - the T-shirt
le tricot - the knit sweater
la veste - the jacket (dress jacket)

Vocabulaire supplémentaire

ample - loose
l'appareil (de photos) numérique (m) - the digital camera
le balladeur - the Walkman®
la brosse - the brush
la brosse à dents - the toothbrush
la carte bancaire - the debit card
la carte de crédit - the credit card
le CD - the CD (compact disc)
chausser/Je chausse du 40. - to wear shoes/I wear a size 9.
les chèques de voyages - the traveler's checks
classique - classic
confortable - comfortable
les coton-tige® - the Q-tips®
court/courte - short
la crème à raser - the shaving cream
la crème de soin pour le corps - the body cream
décontracté/décontractée - casual
le dentifrice - the toothpaste
le diamant - the diamond
de l'écran solaire - sunscreen
emporter - to take (with you)
faire - to do/make - **Quelle taille fais-tu** ?/What size are you?
le fil dentaire - the dental floss
fleuri/fleurie - flowered pattern
grand/grande - big

habillé/habillée - formal
imprimé - printed
les jumelles (f) - the binoculars
mettre - to put (on)
le mobile - the cellular phone
la mode - the fashion
moulant/moulante - figure hugging
l'ordinateur portable (m) - the portable computer
passer du temps - to spend time
le peigne - the comb
petit/petite - small
la pointure - the shoe size
porter - to carry, to wear
la pince à épiler - the tweezers
à pois - spotted, polka dots
le rasoir - the razor
à rayures - striped
serré/serrée - tight
le shampooing - the shampoo
sportif/sportive - athletic
la taille - the size
une taille au-dessous - one size smaller
une taille au-dessus - one size bigger
visiter - to visit (a place)
zébré - zebra pattern

Les vêtements et les articles de voyage

Nous partons en vacances et nous faisons nos valises. Écris le numéro approprié à côté de chaque article. Que devrions-nous emporter ?
We're leaving on vacation and we're packing. Write the correct number next to each article. What should we bring?

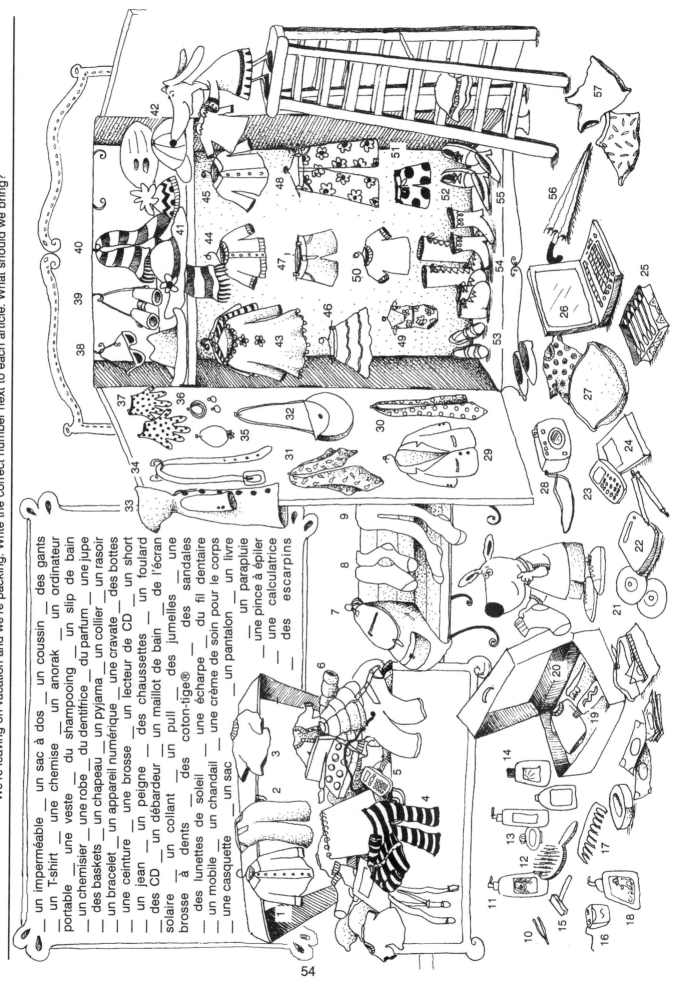

___ un imperméable ___ un sac à dos ___ un coussin ___ des gants
___ un T-shirt ___ une chemise ___ un anorak ___ un ordinateur
___ portable ___ une veste ___ du shampooing ___ un slip de bain
___ un chemisier ___ une robe ___ du dentifrice ___ du parfum ___ une jupe
___ des baskets ___ un chapeau ___ un pyjama ___ un collier ___ un rasoir
___ un bracelet ___ un appareil numérique ___ une cravate ___ des bottes
___ une ceinture ___ une brosse ___ un lecteur de CD ___ un short
___ un jean ___ un peigne ___ des chaussettes ___ un foulard
___ des CD ___ un débardeur ___ un maillot de bain ___ de l'écran
___ solaire ___ un collant ___ un pull ___ des jumelles ___ une
___ brosse à dents ___ des coton-tige® ___ des sandales
___ des lunettes de soleil ___ une écharpe ___ du fil dentaire
___ un mobile ___ un chandail ___ une crème de soin pour le corps ___ un livre
___ une casquette ___ un sac ___ un pantalon ___ un parapluie
___ une pince à épiler
___ une calculatrice
___ des escarpins

54

Qu'est-ce que tu vas emporter ?

Tu pars en vacances. Qu'est-ce tu vas emporter ? Identifie tous les articles. Ensuite, écris tout ce que tu vas emporter.
You're leaving on vacation. What are you going to bring? Identify all of the articles. Then, write down everything that you are going to bring.

1. une chemise / un chemisier • 2. un bonnet • 3. un bracelet • 4. un collier • 5. un appareil numérique • 6. un casque • 7. des gants • 8. une écharpe
9. un gilet 10. une jupe 11. une robe • 12. des sandales • 13. un jean 14. un short • 15. un imperméable • 16. un anorak • 17. un maillot de corps • 18. une montre
19. des chaussures de marche 20. une veste • 21. un sac • 22. des lunettes de soleil • 23. un T-shirt • 24. un foulard • 25. une casquette • 26. des boucles d'oreille
27. une bague 28. un chapeau • 29. un maillot de bain • 30. un balladeur • 31. des jumelles • 32. un livre • 33. un pantalon • 34. un débardeur

J'emporte ...

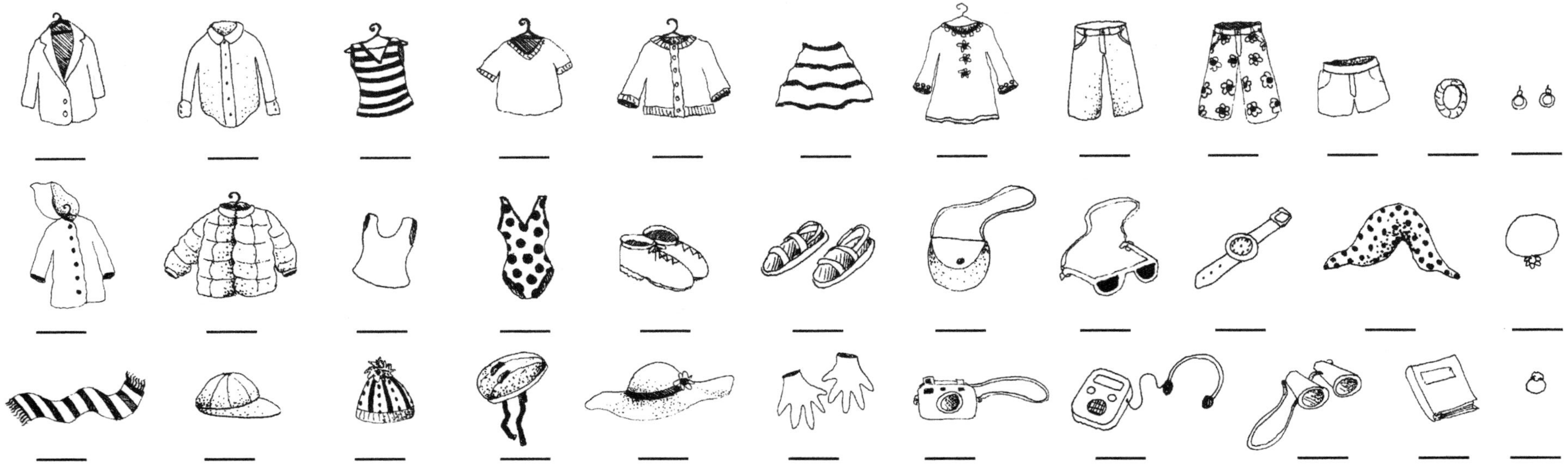

_____

_____

_____

_____

_____

_____

_____

Qui suis-je ?

Qui suis-je ? Écris le numéro approprié à côté de chaque description. Who am I ? Write the correct number for each description.

Je porte....

_____ un tricot, une jupe fleurie, des mitaines, un bonnet de ski, des chaussures de marche et une écharpe. / _____ un blouson, un pull, un pantalon et des baskets. / _____ une robe, un collier, un sac à main, des escarpins et j'ai une fleur à la bouche. / _____ un pantalon à rayures, un pull, des chaussures et j'ai un bouquet pour ma mère. / _____ un jogging, des lunettes de soleil, des baskets et j'écoute de la musique sur mon balladeur. / _____ un pyjama et des pantoufles. / _____ un T-shirt, un jean et des chaussures. / _____ un manteau, un sac à dos, des bottes, des gants et un chapeau. / _____ un chemisier, un collant zébré et des bottines. / _____ une cravate, une chemise, un short, des baskets et j'ai aussi mon mobile. / _____ un bikini et une serviette. / _____ un short imprimé, un sweat-shirt, des sandales et un panier rempli de légumes. / _____ un costume, une cravate, une chemise et des chaussures. / _____ une veste, un gilet, une chemise, un pantalon et des chaussures. / _____ un anorak, une casquette, un pantalon, des mocassins et je lis mon roman. / _____ une bague avec un diamant, une robe à pois, des bracelets et des escarpins.

Les vêtements et le temps

Qu'est-ce qu'il faut mettre ? Coche la case appropriée pour chaque phrase. Ensuite, entoure le dessin approprié. What do we have to wear ? Check the correct box according to each sentence. Then, circle the correct drawing.

---

1. Il fait froid, alors je mets ...

☐ un anorak ☐ une robe ☐ des sandales

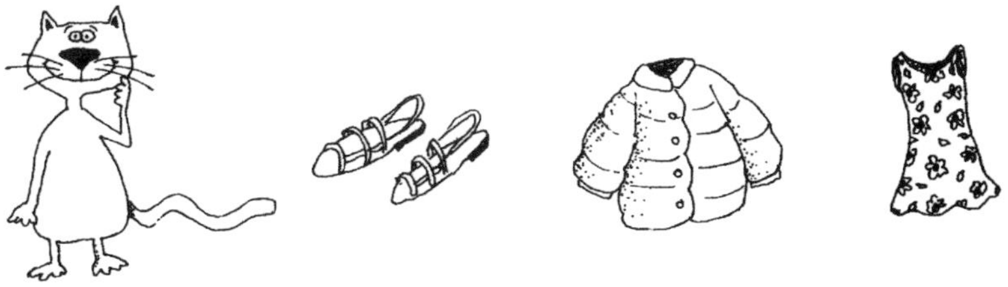

2. Il fait chaud, alors Bruno met ...

☐ un chapeau ☐ un pull ☐ un caleçon de bain

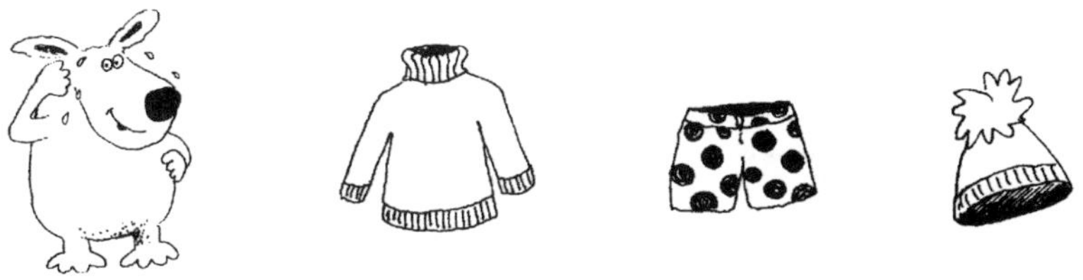

3. Il fait frais, alors nous mettons ...

☐ un gilet ☐ un débardeur ☐ des lunettes de soleil

4. Il pleut, alors je mets ...

☐ un sac ☐ un imperméable ☐ une ceinture

5. Il fait beau, alors Lily et Bruno mettent ...

☐ des manteaux ☐ des T-shirts ☐ des chaussettes

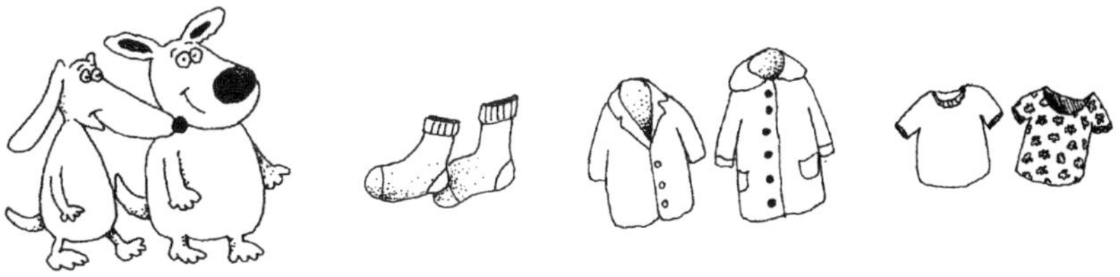

6. Il fait frais et il y a du vent, alors Roger met ...

☐ un blouson ☐ des bottes ☐ des gants

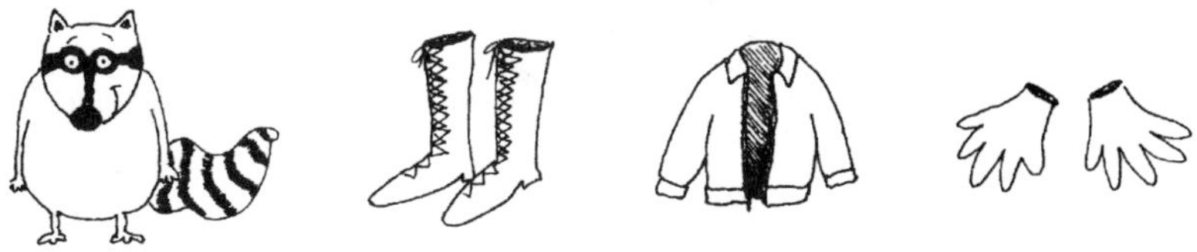

57

Quelle taille fais-tu ? Cabine d'essayage

Il est difficile de trouver la bonne taille. Pour savoir ce qui ne va pas, lis le texte et complète les phrases suivantes en utilisant le vocabulaire ci-dessous. What is your size? The dressing room. It's hard to find the right size. In order to find out what isn't right, read the text and complete the following sentences by using the vocabulary below.

petit • serré • grand • court

Bruno	Sylvie	Thierry	Bernice

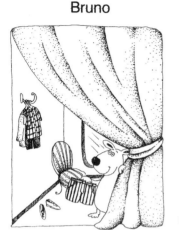  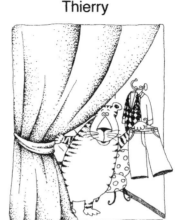 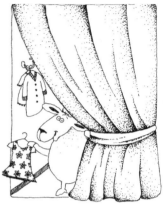

C'est trop _____.
Puis-je essayer un pantalon plus long ?

C'est trop _____.
Avez-vous une taille au-dessous ?

C'est trop _____.
Je n'arrive pas à fermer la fermeture éclair.

C'est trop _____.
Y-a-t'il une taille au-dessus ?

Réponds aux questions suivantes. Answer the following questions.
Quelle taille fais-tu ? What is your size? **Quelle pointure fais-tu ?** What is your shoe size?
Je fais du 36 (taille française). I'm a size 6 (American).
Je chausse du 38 (pointure française). I'm a size (shoes) 8 (American).

Rayon pour femmes
Women's Department

Quelle taille fait Sylvie ? Sylvie fait du <u>36</u> . Quelle taille fais-tu ? Je fais du _____.

Rayon pour hommes.
Men's Department

Quelle taille fait Bruno ? Bruno fait du <u>46</u> . Quelle taille fais-tu ? Je fais du _____.

Rayon de chaussures
Shoe Department

Quelle pointure fait Bruno ? Bruno chausse du <u>44</u> .

Quelle pointure fait Sylvie ? Sylvie chausse du <u>38</u> .

Quelle pointure fais-tu ? Je chausse du _____.

La cabine d'essayage - Ça me va.

Réponds aux questions suivantes. Est-ce que la robe de Mathilde lui va ?
Answer the following questions. Does Mathilde's dress look good on her?
Ça lui va. It looks good on him/her. **Ça ne lui va pas.** It doesn't look good on him/her.

C'est parfait ! C'est la bonne taille.
Ce n'est pas trop long, trop court,
trop petit, trop grand ou trop serré.
Ça me va parfaitement.

Et toi ?
Qu'est-ce que tu aimes comme vêtements ?

Aimes-tu les vêtements ... ?	Aimes-tu la mode ... ?
J'aime les vêtements...	**J'aime la mode...**
___ amples	___ classique
___ comfortables	___ habillée
___ serrés	___ décontractée
___ moulants	___ sportive

Qu'est-ce qui lui va ? Qu'est-ce qui ne lui va pas ?

Coche "oui" ou "non" à côté de chaque case d'après les images.
Exemple: Le tricot de Mimi lui va. La veste de Gil ne lui va pas.
What looks good on him/her? What doesn't look good on him/her?
Check "yes" or "no" next to sentence according to the pictures.

Oui Non

1. ___ ___ Le pantalon de Gil est trop court.
2. ___ ___ La chemise de Gil est trop petite.
3. ___ ___ Le foulard de Mimi est trop long.
4. ___ ___ Le chapeau de Gil est trop grand.
5. ___ ___ La ceinture de Mimi est serrée.
6. ___ ___ La jupe de Mimi est courte.
7. ___ ___ Le tricot de Mimi est moulant.
8. ___ ___ Le chapeau de Mimi est trop grand.
9. ___ ___ La veste de Gil est trop petite.

Qu'est-ce qu'il faut emporter ?

**Bruno et Sylvie continuent à se demander ce qu'il faut emporter pour le voyage.
Complète les phrases suivantes en utilisant le vocabulaire ci-dessous.**
Bruno and Sylvie are still making up their minds as to what they have to take on the trip.
Complete the following sentences by using the vocabulary below.

**un anorak • des bottes de caoutchouc • un imperméable • une écharpe
des bottes • des moufles • un parapluie • des lunettes de soleil
un bonnet • un manteau • un pull • un maillot de bain**

Bernice dit qu'il pleut à Paris en ce
moment et qu'il faut emporter _____
_____
_____ .

Nous allons visiter le Canada en hiver,
alors il faut emporter _____
_____
_____ .

Puisque nous allons passer beaucoup
de temps à la plage, il faut emporter
_____
_____ .

Nous serons à New York en automne,
alors peut-être il faut emporter _____
_____
_____ .

Qu'est-ce qu'on va mettre ?

Bruno et Sylvie vont faire le tour du monde. Ils doivent penser à tous les climats variés qu'ils vont rencontrer avant de faire leurs valises. Complète les phrases suivantes en utilisant le vocabulaire ci-dessous. Bruno and Sylvie are going on a trip around the world. They have to think of all the different climates that they are going to experience before packing their bags. Complete the following sentences by using the vocabulary below.

**un chapeau • un tricot • un blouson • des sandales • un T-shirt
un pantalon • des lunettes de soleil • une robe • un short**

En Amérique du Sud, il va faire humide et chaud, alors je vais mettre _____ _____ et Sylvie va mettre _____.

En Australie, s'il fait du vent, on va mettre _____. S'il fait du soleil, on va mettre _____ _____.

Quand nous arriverons en Chine, il va peut-être faire frais, alors on va mettre

_____

_____.

En Égypte, il y a de fortes chaleurs. On va être en plein soleil, alors on va mettre_____

_____.

Les couleurs

la couleur - the color
clair - light
foncé - dark
blanc / blanche - white
bleu(e) - blue
bleu marine - navy blue
brun(e) - brown
gris(e) - grey
jaune - yellow
marron - brown
noir(e) - black
orange - orange
rose - pink
rouge - red
vert(e) - green
violet(te) - purple
vif/vive - bright

Un tissu est:

uni (solid)   **imprimé** (printed)

Les imprimés:

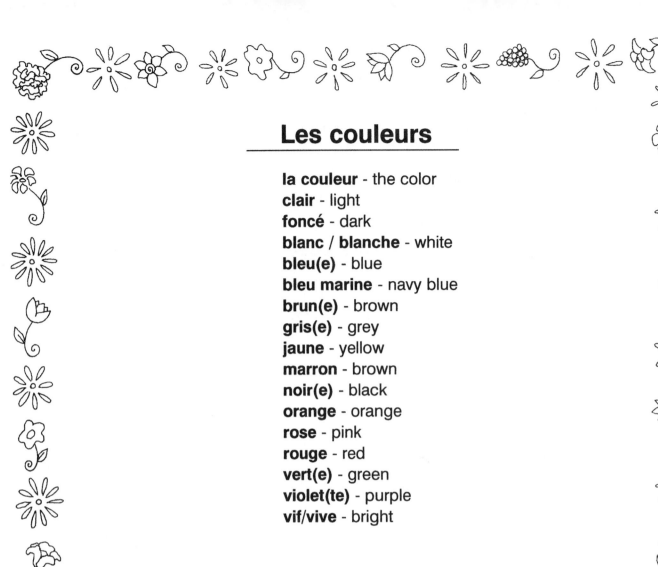

| **à rayures (rayé)** striped | **écossais** plaid | **à pois** polka-dots | **à fleurs (fleuri)** flowered | **à carreaux** checked |

Une robe **bleu foncé**. - A dark blue dress.
Des chaussettes **vert clair**. - Light green socks.
Un pantalon **rouge vif**. - A bright red pair of pants.

Un short **rayé**. - A striped pair of shorts.
Un pyjama **fleuri**. - Flowered pyjamas.
Une jupe **écossaise**. - A plaid skirt.

Les couleurs - 1

Colorie les mots et les dessins avec la couleur indiquée.
Color the words and the pictures with the color indicated.

jaune   blanc

vert

orange

rouge   noir

bleu

violet

marron

rose   gris

Les couleurs - 2

Colorie chaque dessin avec les couleurs indiquées. Color each picture with the colors indicated.

Une souris rose qui porte
une jupe marron et qui
tient des fleurs jaunes.

Un éléphant violet qui porte
un chapeau vert clair avec
une fleur orange.

Un cochon gris qui porte des
bottes roses, des bracelets
verts et une fleur rouge.

Un renard bleu clair qui porte
des mitaines noires, une cravate
rose et une ceinture jaune.

Un chien orange qui porte une
écharpe blanche et des
chaussettes bleu foncé.

Une brebis jaune qui porte des
chaussures bleues et un
ruban rose.

Complète les phrases suivantes en utilisant le vocabulaire ci-dessous.
Complete the following sentences by using the vocabulary below.

à carreaux • à fleurs • à rayures • écossaise • à pois

Bernard porte un pantalon
_____ et une
chemise _____.

Bernice porte une robe
_____ et
un foulard _____.

Coco porte une robe
_____.

64

Mon quartier - Les magasins et les services

la banque - the bank
le bateau-mouche - the river boat (for sightseeing)
la bibliothèque - the library
la bijouterie - the jewelry store
la boucherie - the butcher's shop
la boulangerie - the bakery
la boutique - the boutique
le café - the café, the coffee shop
le cinéma - the movies, the movie theatre
l'école - the school
l'église - the church
l'épicerie (f) - the corner store
le fleuriste - the florist
l'hôtel - the hotel
l'immeuble - the apartment building
la librairie - the book store
le magasin - the store
le magasin de chaussures - the shoe store
le magasin de disques - the music store
le magasin de jouets - the toy store
le magasin de sport - the sports store
le magasin de vêtements - the clothing store
la mairie - the town hall
le marchand de fruits et légumes
the fruit and vegetable market
le marché - the market
le musée - the museum
la papeterie - the stationary shop
le parc - the park
la parfumerie - the perfume store
la pâtisserie - the pastry shop
la pharmacie - the pharmacy
le pont - the bridge
la poste - the poste office
la quincaillerie - the hardware store
le restaurant - the restaurant

aller - to go

je vais - I go, I do go, I am going
tu vas - you go (fam. sing.), ...
il va - he goes , ... **elle va** - she goes , ...
on va - one goes (we go, they go), ...
nous allons - we go , ...
vous allez - you go(sing. form. & pl.), ...
ils vont - they go(masc. pl.), ...
elles vont - they go(fem. pl.), ...

Je vais à la banque. - I'm going to the bank.
Tu vas au marché. - You're going to the market.

> **Regarde le plan "Mon quartier". Choisis un endroit. Où est-tu ? Où vas-tu et comment fais-tu pour y aller ?** Look at the map "My neighborhood". Choose a place. Where are you? Where are you going and how do you get there?

tout droit
en face de toi
devant toi

à gauche   à droite
à ta gauche   à ta droite
sur ta gauche   sur ta droite

derrière toi

Vocabulaire supplémentaire

à l'angle de - at the corner of
à côté (de) - next to, nearby
à ta droite - on your right
à ta gauche - on your left
à l'extérieur (de) - outside
à l'intérieur (de) - inside
aller tout droit - to go straight ahead
arriver - to arrive
au coin (de) - at the corner (of)
au-dessous de - under, underneath
au-dessus de - above, on top of
le long de - (all) along the
continuer - to continue
dans - in
derrière - behind
devant - in front of
du côté de - on the side of, over by

en face (de) - across (from)
entre - in between
Je vais au café à pied. - I'm going to the café by foot.
jusqu'à - until
loin (de) - far (from)
longer - to go along(side), to walk along(side)
passer - to pass
près de - near, close to
regarder - to watch, to look at
sous - under
suivre/tu suis - to follow/you follow
sur - on
sur ta droite - on your right
sur ta gauche - on your left
tomber (sur) - to fall (upon), to come across
tourner - to turn
traverser - to cross

Mon quartier

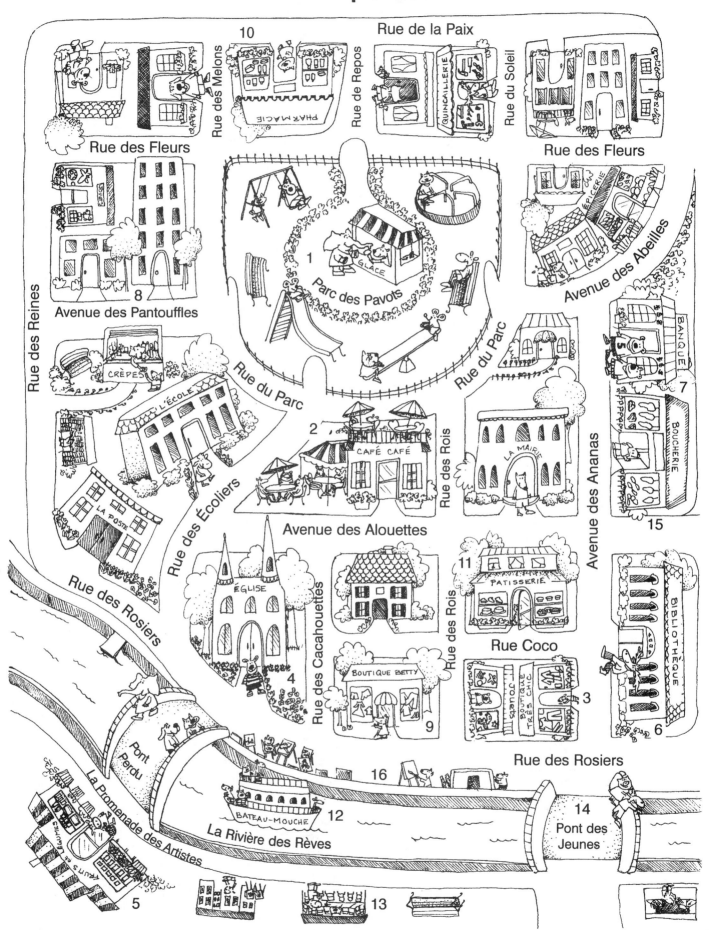

Mon quartier

1. Trouve chaque numéro sur le plan et écris-le à côté de la phrase qui lui correspond.
Ensuite, entoure la préposition appropriée pour chaque phrase.
Find each number on the city map and write it next to the sentence that corresponds.
Then, circle the correct preposition for each sentence.

2. Suis les directions ci-dessous et quand tu arriveras à la destination, écris-la.
Follow the directions below and when you arrive at the destination, write it down.

1.

___ La pharmacie se trouve **dans/loin de** la Rue de la Paix

___ Ellie éléphant est **dans/à l'extérieur du** le Parc des Pavots.

___ Bruno se trouve dans la Rue des Rosiers **devant/derrière** l'église.

___ **Derrière/devant** la Boutique Très Chic se trouve un magasin de jouets.

___ Le bateau-mouche vient de passer **au-dessous/au-dessus** du Pont Perdu.

___ L'immeuble est **à l'angle de/entre** l'Avenue des Pantoufles et la Rue du Parc.

___ Coco le petit cochon et son ami sont **sur le/au-dessous du** Pont des Jeunes.

___ La pâtisserie se trouve dans la Rue Coco **à droite/à gauche** de la maison.

___ Il y a des artistes qui font de la peinture **le long de/derrière** la Rivière des Rêves.

___ La Boutique Betty se trouve **entre/sous** la Rue des Cacahouettes et la Rue des Rois.

___ La boucherie est **au coin de/derrière** l'Avenue des Ananas et l'Avenue des Alouettes.

___ Café Café, qui se trouve sur l'Avenue des Alouettes, est **dans/à gauche de** la Mairie.

___ Sur l'Avenue des Ananas, la bibliothèque est **en face de/derrière** la Boutique Très Chic.

___ **À gauche de/devant** la boucherie qui se trouve sur l'Avenue des Ananas, il y a une banque.

___ Sur la Promenade des Artistes, **à droite/à l'interieur** du marchand de fruits et légumes, il y a des
kiosques et des stands.

___ Tu es dans la rue des Rosiers. Si tu passes le Pont Perdu, tu tombes sur la Promenade des
Artistes et **en face/à côté**, il y a le marchand de fruits et légumes.

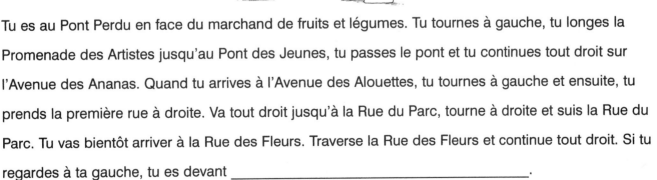

2.

Directions

Tu es au Pont Perdu en face du marchand de fruits et légumes. Tu tournes à gauche, tu longes la

Promenade des Artistes jusqu'au Pont des Jeunes, tu passes le pont et tu continues tout droit sur

l'Avenue des Ananas. Quand tu arrives à l'Avenue des Alouettes, tu tournes à gauche et ensuite, tu

prends la première rue à droite. Va tout droit jusqu'à la Rue du Parc, tourne à droite et suis la Rue du

Parc. Tu vas bientôt arriver à la Rue des Fleurs. Traverse la Rue des Fleurs et continue tout droit. Si tu

regardes à ta gauche, tu es devant _____.

Les magasins et les articles qu'on achète

un agenda - an agenda
de l'aspirine(f) - aspirin
une baguette - a baguette
une bague - a ring
un bain de bouche - mouthwash
un balladeur - a Walkman®
un ballon - a ball
des baskets(m) - tennis shoes
une batte - a bat
un biftek - a steak
des biscuits(m) - cookies
du biftek haché - ground beef
un bloc de papier - a pad of paper
des bonbons (m) - candies
des boules Quiès®(f) - earplugs
des bottes(f) - boots
des boucles d'oreille(f) - earrings
une bouteille d'eau - a bottle of water
des boutons de manchette(m) - cufflinks
un bracelet - a bracelet
une brioche - a brioche
une broche - a brooch
un cahier - a notebook
un calendrier - the calendar
une carte postale - a postcard
une carte de voeux - a greeting card
une casquette - a baseball cap
une cassette - a cassette
un CD - a CD
du chewing gum - chewing gum
un collier - a necklace
un chapeau - a hat
des chaussettes(f) - socks
des chaussures de marche - walking shoes
une chemise - a shirt
un chemisier - a blouse
des chips(m) - chips
de la confiture - jam
des côtelettes de porc(f) - pork chops
une courgette - a zucchini
un crayon - a pencil
de la crème - cream
une crème caramel - a crème caramel
une crème de beauté - a facial cream
un croissant - a croissant
des dahlias(m) - dahlias
un déodorant - a deodorant
du dentifrice - toothpaste
un disque - a disc, a record
un écran solaire - a sunscreen
une enveloppe - an envelope
des escarpins(m) - pumps
un feutre - a marker
du fil dentaire - dental floss
des fruits(m) - fruits
du fromage - cheese
un gant de baseball - a baseball glove
des gants(m) - gloves
un gâteau - a cake
des glaïeuls - gladiolas
une gomme - an eraser

des iris - irises
un jean - a pair of jeans
un jeu de société - a board game
des jonquilles - daffodils
un journal - a newspaper
une jupe - a skirt
des jus de fruit - fruit juices
des Kleenex® - Kleenex®
du lait - milk
des légumes(m) - vegetables
une lettue - a lettuce
un livre - a book
des lunettes de soleil(f) - sunglasses
un magazine de bandes dessinées - a comic book
des marguerites(f) - daisies
une maquette - a model
des médicaments(m) - medicine
un melon - a melon
des mocassins - loafers
une montre - a watch
une orange - an orange
du pain - bread
un pain de campagne - a farmer's bread
un pain complet - a multigrain bread
un pain au chocolat - a chocolate croissant
un palmier - a heart shaped pastry
un pantalon - a pair of pants
des pantoufles - slippers
du papier - paper
du parfum - perfume
des pâtes - pasta
une patisserie - a pastry
des pensées - pansies
un petit avion - a toy plane
un petit train - a toy train
des piles(f) - batteries
une pomme - an apple
une pomme de terre - a potato
une poupée - a doll
des produits laitiers - dairy products
une raquette de tennis - a tennis racket
du riz - rice
une robe - a dress
des rollers(m) - rollerblades
un roman - a novel
des roses - roses
un rôti - a roast
des sabots - clogs
un sac (à main) - a bag/purse
des sandales - sandals
un sandwich - a sandwich
du savon - soap
du shampooing - shampoo
un short - shorts
un skateboard - a skateboard
un stylo - a pen
du sucre - sugar
une tarte aux pommes - an apple pie
un T-shirt - a T-shirt
des tulipes - tulips
une veste - a dress jacket
des vitamines - vitamins
un yaourt - a yoghurt

Les magasins

la bijouterie - the jewelry store
la boucherie - the butcher's shop
la boulangerie - the bakery
la crémerie - the dairy
l'épicerie - the grocery store (the corner store)
le fleuriste - the florist
la librairie - the bookstore
le magasin - the store
le magasin de chaussures - the shoe store
le magasin de disques - the music store

le magasin de jouets - the toy store
le magasin de sport - the sports store
le magasin de vêtements - the clothing store
le marchand de fruits et légumes - the fruit and vegetable market
le marché - the market
la papeterie - the stationary shop
la parfumerie - the perfume store
la pâtisserie - the pastry shop
la pharmacie - the pharmacy

Les magasins

Nous allons faire les courses. Dans quel magasin se vendent les articles écrits ci-dessous ? Écris le numéro approprié à côté de chaque article. Ensuite, complète les phrases suivantes et écris ce que tu vas acheter en utilisant le vocabulaire. Je vais acheter...

We're going to go shopping. Which store sells the articles listed below? Write the correct number next to each article.
Then, complete the following sentences and write what you are going to buy by using the vocabulary. I'm going to buy...

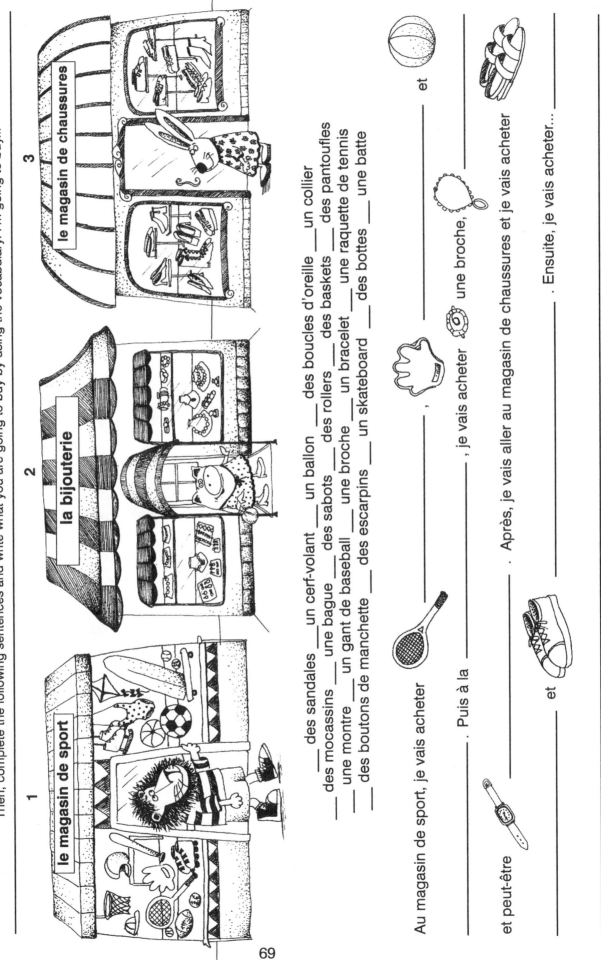

| **1** | **2** | **3** |
| le magasin de sport | la bijouterie | le magasin de chaussures |

____ des sandales ____ un cerf-volant ____ un ballon ____ des boucles d'oreille ____ un collier
____ des mocassins ____ une bague ____ des sabots ____ des rollers ____ des baskets ____ des pantoufles
____ une montre ____ un gant de baseball ____ une broche ____ un bracelet ____ une raquette de tennis
____ des boutons de manchette ____ des escarpins ____ un skateboard ____ des bottes ____ une batte

Au magasin de sport, je vais acheter _____ , _____ et _____

_____ . Puis à la _____ , je vais acheter _____ une broche, _____

_____ . Après, je vais aller au magasin de chaussures et je vais acheter

_____ et _____ . Ensuite, je vais acheter...

et peut-être _____

Les magasins - 2

Qu'est-ce qu'on peut acheter à la librairie et au marché ? Coche tous les articles qu'on peut acheter dans chaque magasin.
What can a person buy at the book store and at the market? Check off all of the articles that may be bought in each of the stores.

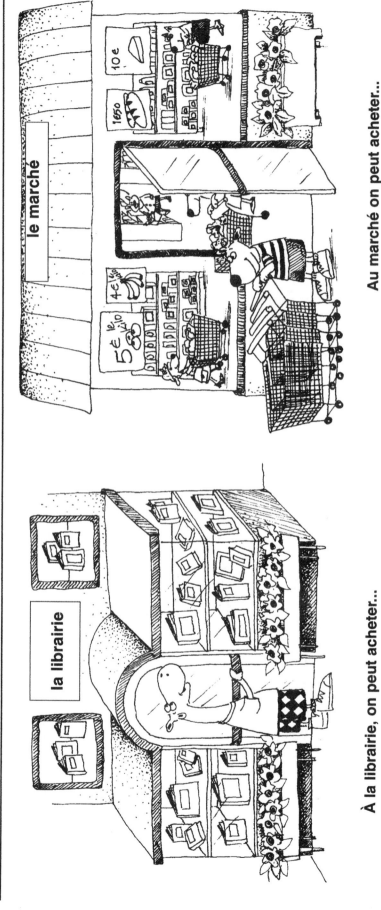

la librairie

le marché

À la librairie, on peut acheter...

___ un livre	___ un magazine
___ un roman	___ un calendrier
___ des pensées	___ une pâtisserie
___ une bague	___ un dictionnaire
___ une pêche	___ du fromage
___ un journal	___ une encyclopédie
___ un agenda	___ des escarpins
___ une jupe	___ une montre
___ un cerf-volant	___ un magazine de bandes dessinées

Au marché on peut acheter...

___ des biscuits	___ des jus de fruit
___ des bottes	___ des céréales
___ du chocolat	___ une robe
___ des légumes	___ un collier
___ des médicaments	___ du riz
___ une poupée	___ du pain
___ des produits laitiers	___ des rollers
___ de la viande	___ du parfum
___ des fruits	___ des pâtes

Les magasins - 3

Dans quel magasin se vendent les articles écrits ci-dessous ? Écris le numéro approprié à côté de chaque article. Which store is selling the articles listed below? Write the correct number next to each article.

1 — le fleuriste

2 — le magasin de vêtements

3 — la papeterie

___ une enveloppe

___ un short

___ une chemise

___ du papier

___ un sac à main

___ des roses

___ un jean

___ une carte de voeux

___ des iris

___ un crayon

___ des jonquilles

___ un chapeau

___ des dahlias

___ un cahier

___ un stylo

___ une gomme

___ une jupe

___ des marguerites

___ une carte postale

___ un T-shirt

___ des pensées

___ un pantalon

___ une robe

___ des chaussettes

___ des tulipes

___ un chemisier

___ un feutre

___ une veste

___ des glaïeuls

___ un bloc de papier

Les magasins - 4

Dans quel magasin se vendent les articles écrits ci-dessous ? Relie chaque groupe d'articles au magasin approprié. Ensuite, écris le nom du magasin dans la case.
Which store sells each of these articles listed below? Draw a line from each group of articles to the correct store. Can you give the equivalent of each article in English?

la pharmacie • la boulangerie • la parfumerie • le marchand de fruits et légumes • le magasin de disques • le magasin de jouets

un ballon
une maquette
un petit train
un jeu de société
un petit avion
une poupée

du savon
des vitamines
du shampooing
des médicaments
un écran solaire
une crème de beauté

un CD
un disque
une cassette

de l'eau de Cologne
du parfum
de l'eau de toilette

une pomme
un melon
une lettue
une courgette
une pomme de terre
une orange

une baguette
une brioche
un pain de campagne
un pain complet
un pain au chocolat
un croissant

72

Les magasins - 5

Dans quel magasin se vendent les articles écrits ci-dessous ? Écris chaque article sous le magasin approprié.
Which store sells each of these articles listed below ? Write each article under the correct store.

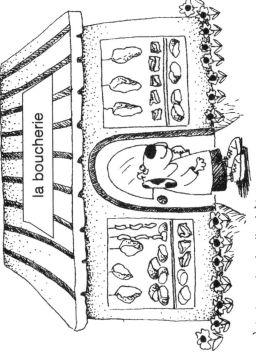

la boucherie

À la boucherie, j'achète...

la pâtisserie

À la pâtisserie, j'achète...

de la confiture

du pain

de la crème

du sucre

un gâteau

des biscuits

des côtelettes de porc

des fruits

un rôti

du fromage

des légumes

du riz

une tarte aux pommes

une crème caramel

une pâtisserie

des chips

un yaourt

un biftek

un palmier

du lait

du biftek haché

la crémerie

À la crèmerie, j'achète...

l'épicerie

À l'épicerie, j'achète...

Les magasins. J'ai fait les courses.

J'ai fait les courses pour le voyage. Identifie tous les articles en écrivant le numéro approprié à côté de chaque mot. I went shopping for the trip. Identify all of the articles by writing the correct number next to each word.

___des boules Quiès® • ___du dentifrice • ___des lunettes de soleil • ___de l'aspirine ___des piles • ___une crème de beauté • ___une brosse à dents • ___du chewing gum • ___des Kleenex® • ___ un CD • ___un stylo et un crayon • ___un balladeur • ___des bonbons • ___du fil dentaire • ___du shampooing • ___un sandwich • ___une gomme • ___du savon • ___un peigne ___un roman • ___un bloc de papier • ___un déodorant • ___une bouteille d'eau ___une montre • ___des enveloppes • ___des chaussures de marche • ___des gants ___un bain de bouche • ___une casquette • ___des vitamines

74

La maison, l'appartement et les meubles

l'**appartement (m)** - the apartment
l'**armoire (f)** - the armoire
l'**assiette (f)** - the plate
la **baignoire** - the bathtub
la **bibliothèque** - the shelves
le **balcon** - the balcony
en **bas** - downstairs
la **boîte aux lettres** - the mailbox
le **bureau** - the office / desk
le **canapé** - the sofa
la **cave** - the cellar
la **chaîne stéréo** - the stereo system
la **chaise** - the chair
la **chambre** - the bedroom
la **cheminée** - the chimney
le / la **concierge** - the caretaker (m/f)
la **commode** - the chest of drawers
le **coussin** - the pillow
le **couvert** - the place setting
la **cuisine** - the kitchen
la **cuisinière** - the stove
le **deuxième étage** - the third floor
la **douche** - the shower
l'**entrée** - the entrance
l'**escalier (m)** - the stairs
l'**étagère (f)** - the shelf
l'**évier (m)** - the sink
le **fauteuil** - the armchair
la **fenêtre** - the window
le **four** - the oven
le **garage** - the garage
le **grenier** - the attic
en **haut** - upstairs
l'**immeuble (m)** - the apartment building
le **lampadaire** - the lamp (stand up)
la **lampe** - the lamp
le **lavabo** - the bathroom sink
le **lave-vaisselle** - the washing machine
le **lecteur de CD / DVD** - the CD / DVD player
le **lit** - the bed
la **lumière** - the light
la **maison** - the house
les **meubles (m)** - the furniture

le **micro-onde** - the microwave
le **miroir** - the mirror
la **moquette** - the carpet (wall to wall)
le **mur** - the wall
l'**ordinateur (m)** - the computer
la **pièce** - the room
le **placard** - the cupboard, the closet
le **plan de travail** - the counter top
le **plancher** - the floor
la **plante** - the plant
la **porte** - the door
la **porte d'entrée** - the front door
le **premier étage** - the second floor
le / la **propriétaire** - the landlord / owner (m/f)
la **radio** - the radio
le **réfrigérateur / le frigo** - the refrigerator
le **réveil** - the alarm clock
le **rez-de-chaussée** - the first floor
le **rideau** - the curtain
le **rideau de douche** - the shower curtain
le **robinet** - the faucet
la **salle de bain** - the bathroom (large)
la **salle à manger** - the dining room
la **salle de séjour** - the den
le **salon** - the living room
le **secrétaire** - the writing desk
la **serviette (de bain)** - the bath towel
le **sofa** - the sofa
la **sonnette** - the doorbell
le **sous-sol** - the basement
le **store** - the blind
la **table** - the table
la **table basse** - the coffee table
la **table de chevet** - the bedside table
le **tableau** - the painting
le **tapis** - the carpet
le **télécopieur** - the fax machine
le **téléphone** - the telephone
la **terrasse** - the terrace
la **télévision / la télé** - the television
les **toilettes (f)** - the bathroom (toilet & sink)
le **toit** - the roof
le **vase** - the vase
le **voisin / la voisine** - the neighbor (m/f)

Verbes

adorer - to love, to adore
s'asseoir - to sit down
baisser - to lower
bavarder - to chat
se brosser les dents - to brush one's teeth
casser la croûte - to have something to eat
se coiffer - to fix one's hair
déjeuner - to have lunch
éclairer - to light up
écouter - to listen
être assis(e) - to be seated
être en train de faire quelque chose - in the process of doing something

fermer - to close
garder - to keep
faire (des grimaces) - to do, to make (faces)
mettre - to put, to place
pouvoir - to be able to
prendre - to take
regarder - to look at, to watch
remonter - to bring / come back up
sortir - to go out, to take out
surfer sur le net - to surf on the Internet
travailler - to work
utiliser - to use
venir d'acheter - to have just bought
voir - to see

Le château

Notre château à la campagne a beaucoup de pièces. Écris dans quelle pièce se trouve chacun de nos amis. Our castle in the country has a lot of rooms. Write in which room each one of our friends is.

1. Bernice et Mimi déjeunent sur _____

2. Hugo est au lit dans _____

3. Josie et Raoul bavardent dans _____

4. Bruno regarde la télé dans _____

5. Maurice est sous la douche dans _____

6. Thierry regarde par la fenêtre dans _____

7. André se brosse les dents dans _____

8. Luc travaille dans _____

9. Sylvie casse la croûte dans _____

10. Fifi est assise sur une chaise dans _____

76

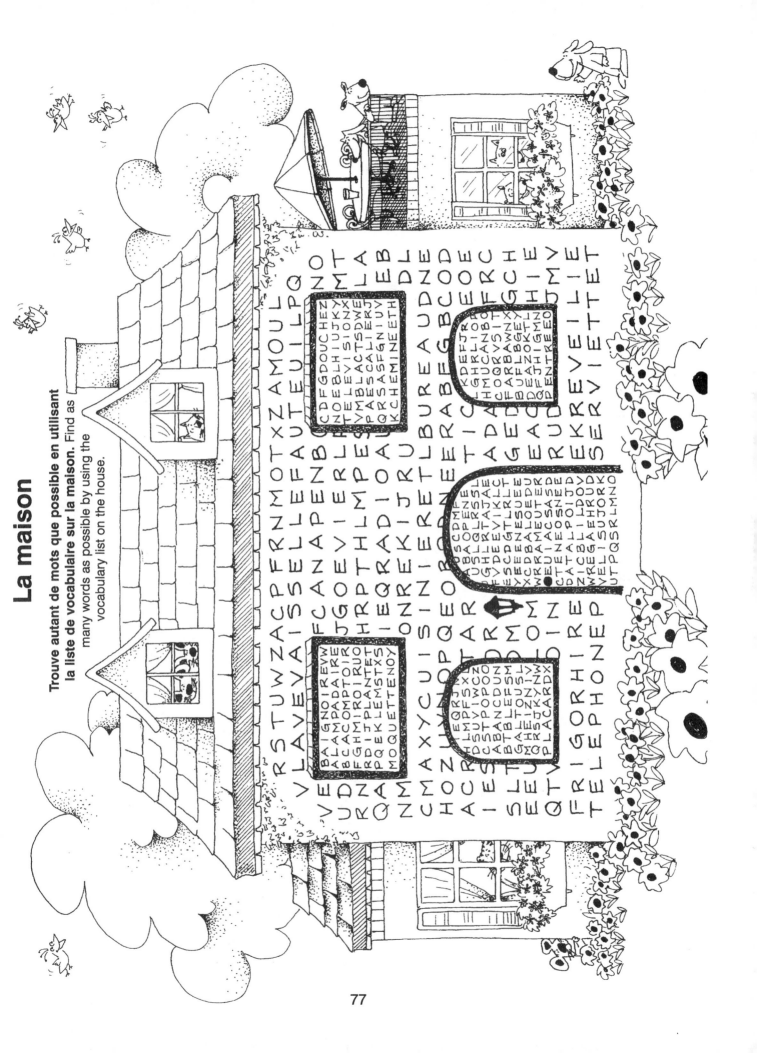

La maison

Trouve autant de mots que possible en utilisant la liste de vocabulaire sur la maison. Find as many words as possible by using the vocabulary list on the house.

La maison, les pièces et les meubles - 1

Complète les phrases suivantes en utilisant le vocabulaire ci-dessous.
Complete the following sentences by using the vocabulary below.

la cuisine • une bibliothèque • des placards • deux chaises • un réfrigérateur
un fauteuil • des rideaux • le bureau • un lampadaire • un évier • le salon • un four
une table basse • le canapé • l'ordinateur • des tableaux • une lampe • un store
une cuisinière • une table • un tapis • le plan de travail • un lave-vaisselle

Léo et Bernice sont dans _____. Léo
est assis dans _____ et Bernice
est assise sur _____. Au milieu de
la pièce il y a _____. Au mur, il y a
_____. À gauche de Léo, il y a une petite table
avec _____ dessus. À sa droite, il y a
_____ avec un abat-jour à petits pois.
Derrière lui, il y a une fenêtre avec _____
_____.

Roger est dans _____. Il est assis à
son bureau. Il est en train de faire des recherches et de
travailler sur _____. Il aurait voulu surfer
sur le net mais il n'a pas le temps aujourd'hui. À sa gauche,
il y a _____ où il met tous les livres
qu'il aime lire. Derrière lui, il y a une fenêtre avec
_____ qu'il remonte le matin et qu'il
baisse le soir.

Fifi est dans _____ assise sur
_____ devant la fenêtre. Devant elle,
sur le sol, il y a _____. Il y a aussi
_____ avec une coupe de fruits
dessus et _____ pour s'asseoir. À
gauche de Fifi, il y a _____ où elle
peut faire la vaisselle à la main. Juste à côté, et toujours à
gauche, il y a _____, une machine
qui lave à la fois toutes les assiettes et les couverts. Ensuite,
il y a _____ où Fifi garde toujours au
frais une provision de fromages qu'elle adore. Enfin, il y a
_____ et _____
que Fifi utilise pour préparer des plats chauds. De chaque
côté de la fenêtre et au-dessous des plans de travail, il y a
_____ où Fifi met des pâtes, du riz, des
épices et des produits de nettoyage pour la cuisine.

78

La maison, les pièces et les meubles - 2

Complète les phrases suivantes en utilisant le vocabulaire ci-dessous.
Complete the following sentences by using the vocabulary below.

les étagères • une table de chevet • la baignoire • la télé • une armoire • la salle de bain
un rideau de douche • des rideaux • un vase • une serviette • un fauteuil • la chambre
les toilettes • tableaux • une petite table • la salle de séjour • le lavabo • le lit
une chaine stéréo • lampes • un lecteur de DVD • un miroir

Sylvie est dans _____. Elle est assise dans _____ et elle regarde _____ Au-dessous de la télévision il y a _____ qu'elle vient d'acheter parce qu'elle adore regarder des films. En fait, Sylvie collectionne les films et elle les met sur _____ au fond de la pièce à côté de la fenêtre. C'est là aussi où il y a _____ pour écouter de la musique. À sa gauche, sur le plancher il y a _____ avec des fleurs. Entre les fleurs et le fauteuil, il y a _____ avec une lampe dessus pour éclairer la pièce le soir.

Bruno est dans _____.
Il prend un bain dans _____. Quand Bruno est sous la douche, il utilise_____ pour ne pas mettre de l'eau partout. Lorsqu'il sort de la baignoire, il va sur le petit tapis et il se sèche avec _____. Il y a un autre tapis devant _____ où Bruno se lave les mains et se brosse les dents. Au-dessus, il y a _____ que Bruno adore parce qu'il peut se regarder, faire des grimaces et se coiffer avant de sortir. Au-dessus, il y a trois petites _____ pour mieux voir. Enfin à droite, il y a _____ avec du papier hygiénique juste à côté.

Le cousin de Bruno, Alain, vient d'arriver après un long voyage et il se repose sur _____ dans _____ de Bruno. De chaque côté du lit il y a _____ avec une lampe dessus. Au-dessus du lit, on voit cinq _____. Quatre d'entre eux sont petits et le cinquième est très grand. À droite, il y a une fenêtre avec une belle vue du jardin et _____ qu'il ferme quand il ne veut pas regarder dehors. Et enfin à gauche, il y a _____ pour les vêtements de Bruno.

79

Les prépositions et le vocabulaire supplémentaire

à - to, at *(à + le = au, à + les = aux)
l'appareil photo (numérique) (m) - the camera (digital)
après - after
l'armoire (f) - the wardrobe, the closet
l'araignée (f) - the spider
à l'arrière / en arrière - in the back / backwards, behind
avant - before
à l'avant - in the front seat
avec - with
à côté (de) - next to
à la droite (de) / à droite - to the right / on the right
à la gauche (de) / à gauche - to the left / on the left
à travers - through
au deuxième étage - on the third floor
au fond (de) - in the back (of), the far end, at the bottom
au milieu - in the middle
au premier étage - on the second floor
au rez-de-chaussée - on the main floor
au sous-sol - in the basement
au troisième étage - on the fourth floor
au volant - at the driving wheel
le ballon - the ball
la bibliothèque - the bookcase
la boîte à couture - the sewing box
Ça lui tient chaud. - It keeps her (him) warm.
chercher - to look for
chez - at home
le coffre - the trunk
le colis - the package
contre - against
le coussin - the pillow
dans - in, inside
dans le coffre - in the trunk
dedans - inside
dehors - outside
derrière - behind
dessous / au-dessous (de) / en dessous (de) - underneath, under, below
dessus / au-dessus (de) - on top, over it, above
devant - in front of
en bas (de) - below, downstairs, at the bottom of
en face (de) - across, opposite, in front of
en haut (de) - at the top, upstairs, at the top of
entre - between
être debout - to be standing up
le facteur - the mailman
le fauteuil - the chair, the armchair
glisser - to slide
habiter - to live, to reside
jouer aux cartes - to play cards
lire - to read
le miroir - the mirror
par - by
parler - to speak, to talk
le placard - the closet, the cupboard
la porte - the door
poser - to place, to put
le pot de fleurs - the pot of flowers
près de - near, close to
remettre - to put back
sans - without
la souris - the mouse
sous - under
sur - on
sur la droite - on the right
sur la gauche - on the left
le tableau - the painting
le tapis - the carpet
tenir - to hold
le tiroir - the drawer
trouver - to find
la voiture - the car

Prépositions - Où est la clé ?

Hugo a perdu sa clé et tout le monde la cherche. Mais qui la cherche et où ? Complète les phrases suivantes en écrivant le nom approprié et entoure la préposition appropriée. Hugo has lost his key and everyone is looking for it. But who is looking where? Complete the following sentences by writing the correct name and drawing a circle around the correct preposition.

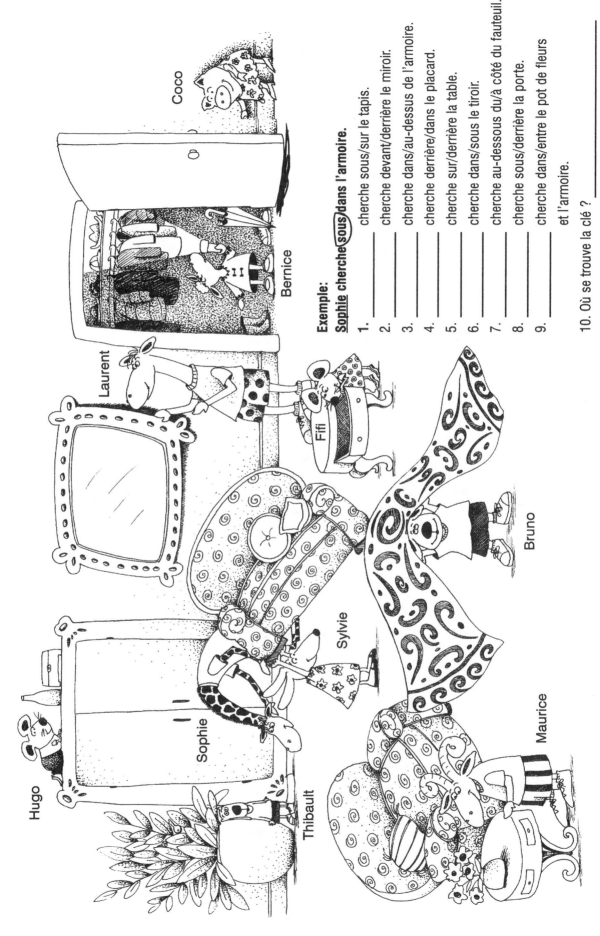

Exemple:

Sophie cherche (sous)/dans l'armoire.

1. _____ cherche sous/sur le tapis.

2. _____ cherche devant/derrière le miroir.

3. _____ cherche dans/au-dessus de l'armoire.

4. _____ cherche derrière/dans le placard.

5. _____ cherche sur/derrière la table.

6. _____ cherche dans/sous le tiroir.

7. _____ cherche au-dessous du/à côté du fauteuil.

8. _____ cherche sous/derrière la porte.

9. _____ cherche dans/entre le pot de fleurs et l'armoire.

10. Où se trouve la clé ? _____

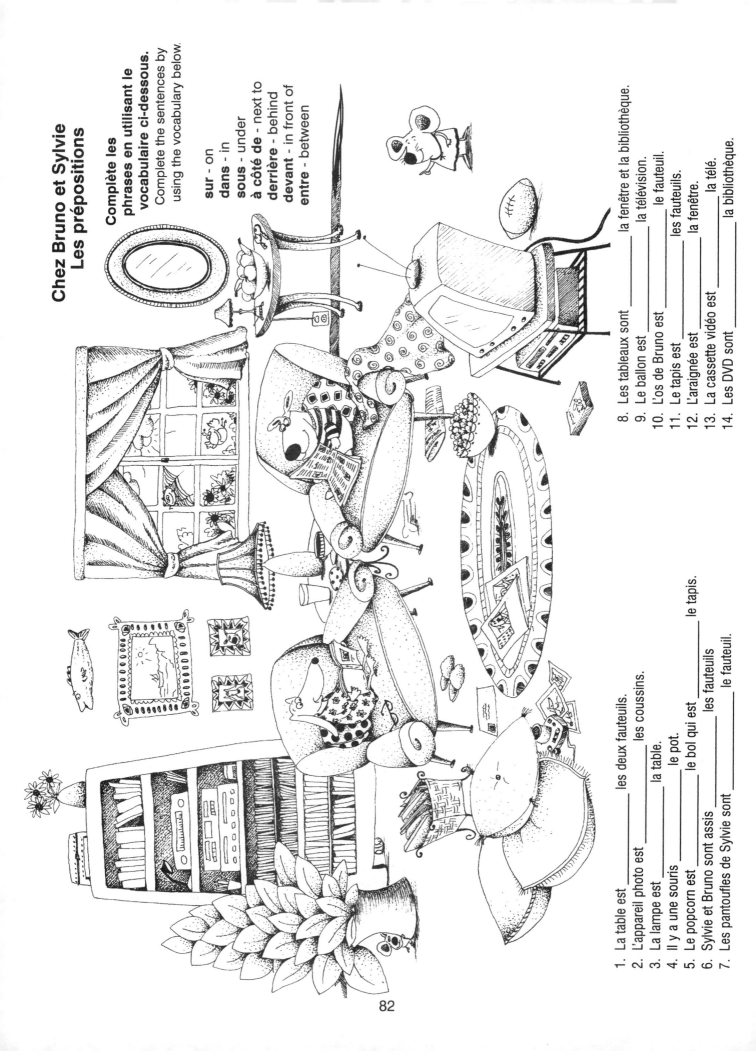

Chez Bruno et Sylvie
Les prépositions

Complète les phrases en utilisant le vocabulaire ci-dessous. Complete the sentences by using the vocabulary below.

sur - on
dans - in
sous - under
à côté de - next to
derrière - behind
devant - in front of
entre - between

1. La table est _____ les deux fauteuils.
2. L'appareil photo est _____ les coussins.
3. La lampe est _____ la table.
4. Il y a une souris _____ le pot.
5. Le popcorn est _____ le bol qui est _____ le tapis.
6. Sylvie et Bruno sont assis _____ les fauteuils
7. Les pantoufles de Sylvie sont _____ le fauteuil.

8. Les tableaux sont _____ la fenêtre et la bibliothèque.
9. Le ballon est _____ la télévision.
10. L'os de Bruno est _____ le fauteuil.
11. Le tapis est _____ les fauteuils.
12. L'araignée est _____ la fenêtre.
13. La cassette vidéo est _____ la télé.
14. Les DVD sont _____ la bibliothèque.

82

Être en famille - prépositions

Complète les phrases suivantes sur Thierry et sa famille.
Complete the following sentences on Thierry and his family.

1. Thierry est debout _____ Pépé Rémi.

2. Tatie Nelly est assise à la table _____ une chaise.

3. Maman est _____ de la salle de séjour, près de l'entrée.

4. Pépé Rémi lit le journal _____ son fauteuil préféré.

5. Papa est _____ de la salle de séjour avec Lucas assis _____ son
   bras et Mathilde à son coté.

6. Tonton Guillaume utilise son mobile _____ la fenêtre.

7. Mémé Mireille est _____ de Maman avec un châle _____ le dos.
   Il lui tient chaud.

8. Tonton Thibault joue aux cartes _____ Tatie Nelly _____ la table.

9. Mathilde est _____ de son père. Elle lui tient la main et ils sont debout
   _____ la table où Tatie Nelly et Tonton Thibault jouent aux cartes.

10. Tout le monde est _____ la salle de séjour.

L'immeuble

Où habite chacun de nos amis ?
Complète les phrases suivantes.
Where do all our friends live?
Complete the following sentences.

1 _____

habitent à côté de Bernard.

2. _____

habitent au-dessus de Manue.

3. _____

habitent au rez-de-chaussée.

4. Thierry et Hugo habitent au-

dessous de_____

_____.

5. _____

_____

habitent au premier étage.

6. _____

sont sur la terasse.

7. _____

_____

habitent au deuxième étage.

8. _____

_____

habitent au troisième étage.

Guillaume et Fifi

Bruno et Sylvie

Bernard

Raoul et Bernice

Coco et Luc

Manue

Thierry et Hugo

Bonjour Max !

Roger

Mimi

84

Prépositions - Ranger la maison

Avant de partir en vacances, Bruno et Sylvie doivent ranger toutes leurs affaires. Coche la case appropriée pour chaque image. Before leaving on vacation, Bruno and Sylvie have to put all of their things away. Check the correct box.

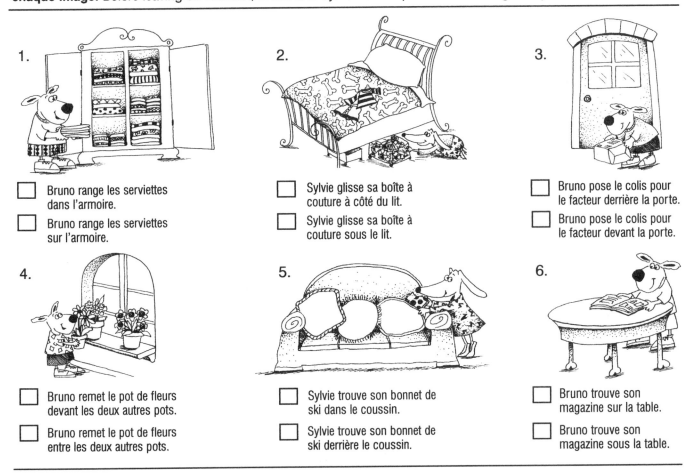

1.
- ☐ Bruno range les serviettes dans l'armoire.
- ☐ Bruno range les serviettes sur l'armoire.

2.
- ☐ Sylvie glisse sa boîte à couture à côté du lit.
- ☐ Sylvie glisse sa boîte à couture sous le lit.

3.
- ☐ Bruno pose le colis pour le facteur derrière la porte.
- ☐ Bruno pose le colis pour le facteur devant la porte.

4.
- ☐ Bruno remet le pot de fleurs devant les deux autres pots.
- ☐ Bruno remet le pot de fleurs entre les deux autres pots.

5.
- ☐ Sylvie trouve son bonnet de ski dans le coussin.
- ☐ Sylvie trouve son bonnet de ski derrière le coussin.

6.
- ☐ Bruno trouve son magazine sur la table.
- ☐ Bruno trouve son magazine sous la table.

Les courses et la voiture

On vient de faire les courses et maintenant on rentre. Écris la préposition appropriée pour chaque phrase.
We just went shopping and now we are going home. Write the correct preposition for each sentence.

dans le coffre • à l'avant • à l'arrière • à droite • à gauche • au volant • derrière

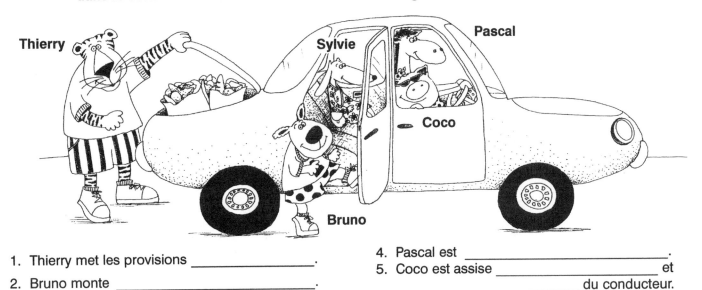

1. Thierry met les provisions _____.

2. Bruno monte _____.

3. Sylvie est assise _____ Pascal.

4. Pascal est _____.

5. Coco est assise _____ et _____ du conducteur.

6. Sylvie est Pascal sont assis _____.

85

Les sports et les activités

aller à la pêche - to go fishing
danser - to dance
écouter de la musique - to listen to music
faire de l'alpinisme - to go mountain climbing
faire de la balançoire - to play on the swing
faire du bateau - to go boating
faire du camping - to go camping
faire du canotage - to go boating
faire du cerf-volant - to fly a kite
faire de l'escalade - to go on a hike
faire du jogging - to go jogging
faire de la luge - to go sledding
faire du parachutisme - to go parachuting
faire du parachutisme ascensionnel - to go parasailing
faire du patin à roulettes - to rollerskate
faire du patin à glace/du patinage - to iceskate
faire de la planche à voile - to go windsurfing
faire de la plongée (sous-marine) - to scuba dive
faire du roller / du patin en ligne - to rollerblade
faire du skate(board) - to skateboard
faire du ski / skier - to ski
faire du ski nautique - to water ski
faire du surf - to go surfing
faire du snowboard - to go snowboarding
faire du vélo - to go bicycling
faire de la voile - to go sailing
glisser sur le toboggan - to play on the slide
jouer au badminton - to play badminton
jouer au ballon - to play with a ball
jouer au baseball - to play baseball
jouer au basket(ball) - to play basketball
jouer au football - to play football
jouer au golf - to play golf
jouer au hockey - to play hockey
jouer à la marelle - to play hopscotch
jouer au ping-pong - to play ping-pong
jouer au rugby - to play rugby
jouer au tennis - to play tennis
jouer au volley(ball) - to play volleyball
nager - to swim
pêcher à la ligne - to line fish
pique-niquer - to go for a picnic
sauter à la corde - to jump rope

jouer - to play

je joue - I play, I do play, I am playing
tu joues - you play (fam. sing.),...
il joue - he plays..., **elle joue** - she plays,...
on joue - one plays (we play, they play),...
nous jouons - we play,...
vous jouez - you play (sing. form. & pl.),...
ils/elles jouent - they play (masc./fem. pl.),...

Quel sport Bruno et Sylvie pratiquent-ils ci-dessous ? Which sport are Sylvie and Bruno doing below? **Quel sport practiques-tu ?** Which sport do you do? **Je fais...** I do... **Quelle est ton activité préférée ?** What is your favorite activity? **Je préfère...** I prefer... **Identifie tous les articles de sport qui figurent sur cette page.** Name all the sports equipment items on this page.

L'équipement

la balle de baseball - the baseball
la balle de golf - the golf ball
la balle de hockey - the hockey puck
la balle de tennis - the tennis ball
la balle de volleyball - the volleyball
le ballon (de basket) - the basketball
le ballon de foot - the soccerball
le ballon (de football) - the football
la batte - the baseball bat
la canne à pêche - the fishing rod
les chaussures de ski - the ski boots
le club de golf - the golf club
la crosse de hockey - the hockey stick
le filet - the net
le gant de baseball - the baseball glove
le panier - the basket
les patins à glace - the iceskates
les patins / rollers en ligne - the rollerblades
les patins à roulettes - the rollerskates
la raquette de badminton - the badminton racket
la raquette de tennis - the ping-pong paddle
la raquette de tennis - the tennis racket
le skate(board) - the skateboard
le snowboard - the snowboard
les skis - the skis
le volant de badminton - the birdie (the shuttlecock)

faire - to do, to make

je fais - I do/make, I do do/make, I am doing/making
tu fais - you do/make (fam. sing.),...
il fait - he does/makes, ...**elle fait** - she does/makes,...
on fait - one does/makes (we do/make, they do...
nous faisons - we do/make,...
vous faites - you do/make (sing. form. & pl.),...
ils/elles font - they do/make (masc./fem. pl.),...

Les sports - 1

Il fait _____

Il fait _____

Il fait _____

Il fait _____

Elle fait _____

**Quels sports pratiquent-ils ?
Choisis le sport approprié de
la liste en bas et écris-le sous
chaque dessin.** Which sports are
they doing? Choose the correct
sport from the list below and write
it underneath each drawing.

du patin à glace

du vélo

du roller

de l'escalade

de la natation

du skate(board)

du snowboard

du jogging

du ski

du ski nautique

Il fait _____

Il fait _____

Elle fait _____

Elle fait _____

Il fait _____

Les sports - 2

Choisis le sport (ou l'activité) approprié en utilisant le vocabulaire ci-dessous et écris-le sous chaque dessin.

Choose the correct sport or activity from the vocabulary below and write it under each drawing.

Ils font de la balançoire. • Il joue au football américain. • Ils jouent au ping-pong. • Il joue au hockey. • Il joue au football. Ils jouent au volley. • Il joue au tennis. • Elle joue au badminton. • Elle joue au basket. • Elle glisse sur le toboggan. Il joue au golf. • Elle joue à la corde. • Elle joue à la marelle. • Ils jouent au ballon.

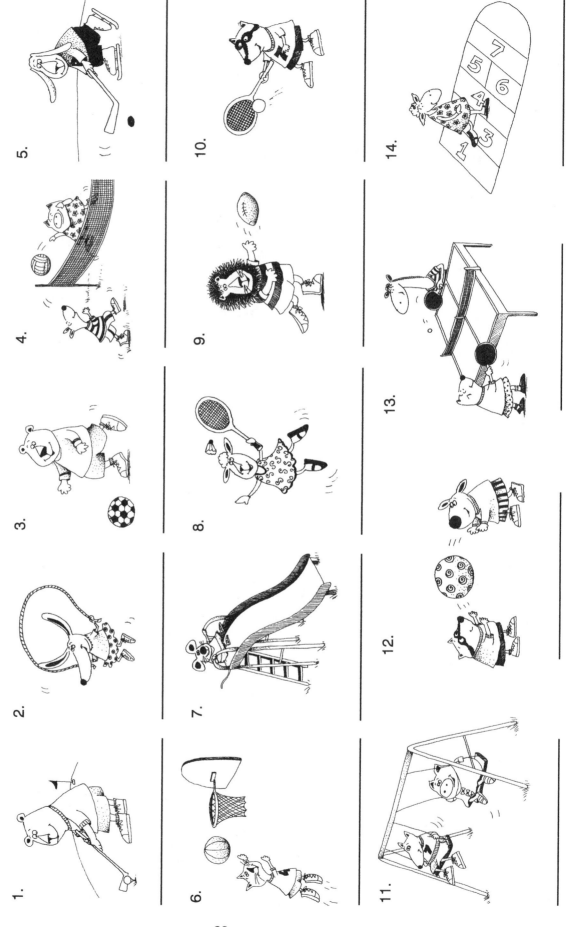

1.

2.

3.

4.

5.

6.

7.

8.

9.

10.

11.

12.

13.

14.

Les sports et le voyage - 1

Bruno et Sylvie vont faire du sport pendant le voyage. Quels sports vont-ils pratiquer ? Complète les phrases suivantes en utilisant le vocabulaire ci-dessous. Bruno and Sylvie are going to do some sports during the trip. Which sports are they going to do? Complete the following sentences by using the vocabulary below.

aller à la pêche • du snowboard • de l'alpinisme • du patin à glace • du surf • du ski

1. En France, nous allons faire
_____ et
_____ .

2. En Norvège, nous allons
_____ .

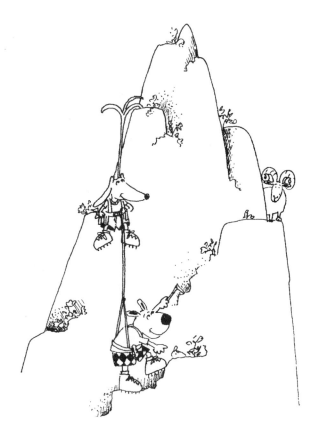

2. En Suisse, nous allons faire
_____ .

3. En Australie, nous allons faire
_____ .

4. En Russie, nous allons faire
_____ .

Les sports et le voyage - 2

Bruno et Sylvie vont faire du sport pendant le voyage. Quels sports vont-ils pratiquer ? Complète les phrases suivantes en utilisant le vocabulaire ci-dessous. Bruno and Sylvie are going to do some sports during the trip. Which sports are they going to do? Complete the following sentences by using the vocabulary below.

**du parachutisme ascensionnel • de la plongée sous-marine • de la voile
de la planche à voile • du parachutisme**

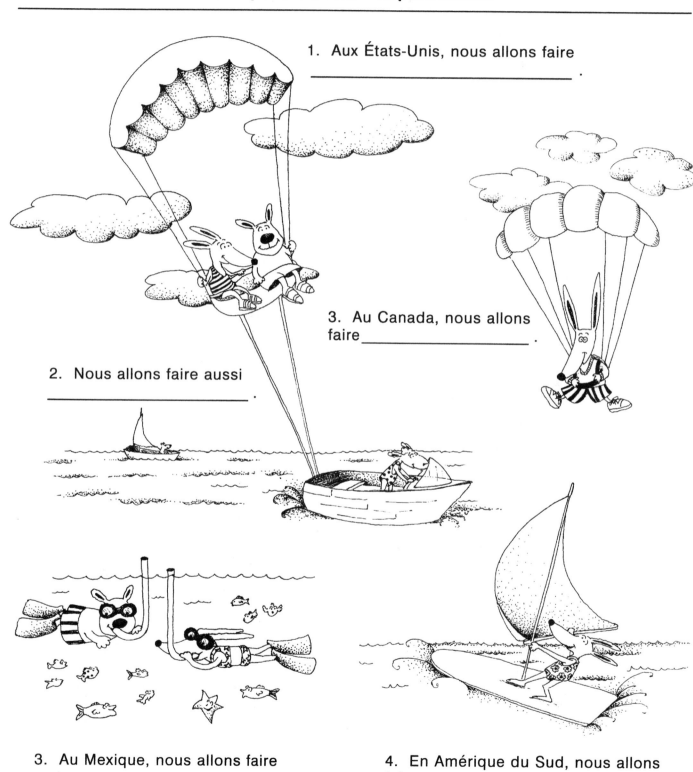

1. Aux États-Unis, nous allons faire

_____ .

3. Au Canada, nous allons faire_____ .

2. Nous allons faire aussi

_____ .

3. Au Mexique, nous allons faire

_____ .

4. En Amérique du Sud, nous allons faire _____ .

Les sports et l'équipement

Écris le nom de chaque objet en utilisant le vocabulaire ci-dessous et dans quel sport on les utilise.
Write the name of each object by using the vocabulary below and in which sport it is used.

la raquette et la balle de tennis • la batte, le gant et la balle de baseball • le ballon (de basket) et le panier • le ballon (de football) • les patins en ligne • la raquette et le volant de badminton • les skis et les chaussures de ski • les patins à glace le filet et la balle de volleyball • la crosse et la balle de hockey • le club en bois et la balle de golf • le ballon de foot

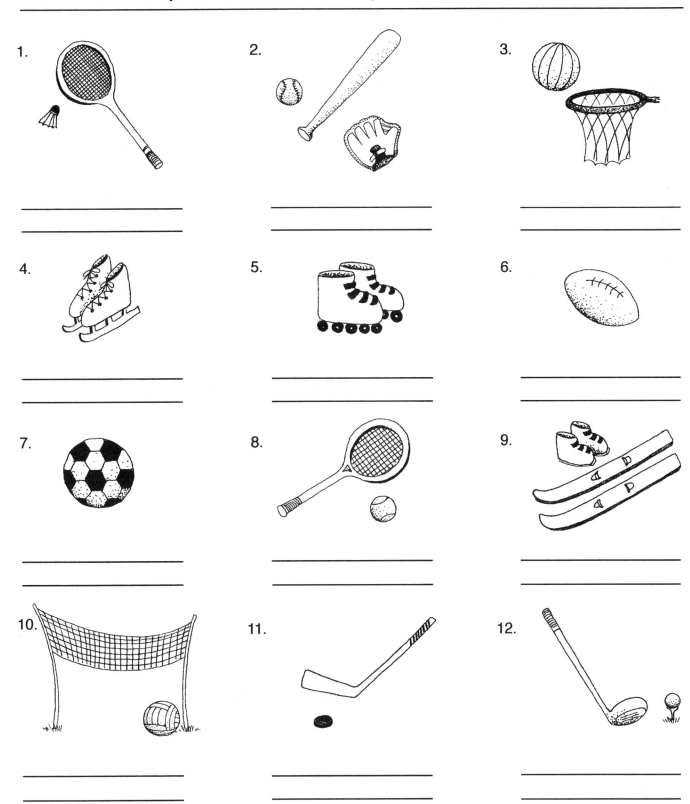

1.

_____

_____

2.

_____

_____

3.

_____

_____

4.

_____

_____

5.

_____

_____

6.

_____

_____

7.

_____

_____

8.

_____

_____

9.

_____

_____

10.

_____

_____

11.

_____

_____

12.

_____

_____

Les transports

l'autobus (m) - the bus
en autobus - by bus
l'avion (m) - the plane
en avion - by plane
le bateau - the boat
en bateau - by boat
la bicyclette - the bicycle
à (en) bicyclette - by bicycle
le cheval - the horse
à cheval - by horse
le camion - the truck
en camion - by truck
le camping-car - the motorhome
en camping-car - by motorhome
l'hélicoptère (m) - the helicopter
en hélicoptère - by helicopter
le métro - the subway
en métro - by subway
la montgolfière - the hot-air balloon
en montgolfière - by hot-air balloon
la moto - the motorcycle
à (en) moto - by motorcycle
la motoneige - the snowmobile
en motoneige - by snowmobile
la navette (d'autobus) - the shuttle
en navette (d'autobus) - by shuttle
à pied - by foot
en roller - by roller blades
le skate(board) - the skateboard
en skate - by skateboard
le taxi - the taxi
en taxi - by taxi
le train - the train
en train - by train
le vélo - the bicycle
à (en) vélo - by bicycle
la voiture - the car
en voiture - by car

Vocabulaire supplémentaire

l'aéroport - the airport
l'agent de voyages - the travel agent
aller - to go
Je vais en voiture. - I'm going by car.
Je vais à Paris. - I'm going to Paris. (à + city)
Je vais en France. - I'm going to France. (en + feminine country / continent/beginning with vowel)
Je vais au Canada. - I'm going to Canada. (au + masculine country)
l'arrêt d'autobus - the bus stop
le billet - the ticket
un billet simple - a one way ticket
un billet aller-retour - a round trip ticket
un carnet de tickets - a book of tickets
changer - to change
descendre - to go down, get off (the train, bus)
devoir - to have to (do something), to owe
nous devons aller à... - we have to go to...
la gare - the train station
un horaire - a schedule
le marché aux puces - the flea market
partir - to leave
je pars - I leave, I'm leaving
prendre - to take
Je prends le métro. - I'm taking the subway.
rendre visite à - to pay a visit to someone
se reposer - to rest
retourner - to return
retrouver - to meet up with
la station de métro - the subway station
le tarif, le prix - the fare
les transports - transportation
vouloir - to want
je veux - I want / **je voudrais** - I would like
voyager - to travel
Je voyage en avion. - I'm traveling by plane.
voyager à l'étranger - to travel abroad

voyager - to travel

je voyage - I travel, I do travel, I am traveling
tu voyages - you travel (fam. sing.),...
il voyage - he travels..., **elle voyage** - she travels,...
on voyage - one travels (we travel, they travel),...
nous voyageons - we travel,...
vous voyagez - you travel (sing. form. & pl.),...
ils/elles voyagent - they travel (masc./fem. pl.),...

Les transports - 1

Complète les phrases suivantes avec le mode de transport approprié.
Complete the following sentences with the correct mode of transportation.

en bateau • en autobus • à moto • en skate • à cheval • en métro • en montgolfière • en motoneige • en avion
en train • une navette d'autobus • en voiture • à vélo • en taxi • en roller • en camping-car • en hélicoptère

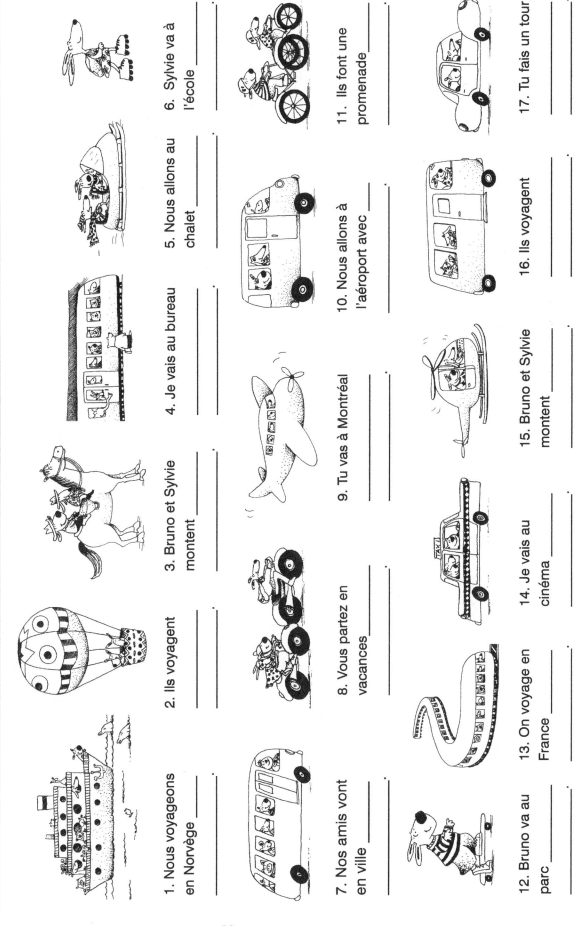

1. Nous voyageons en Norvège _____.

2. Ils voyagent _____.

3. Bruno et Sylvie montent _____.

4. Je vais au bureau _____.

5. Nous allons au chalet _____.

6. Sylvie va à l'école _____.

7. Nos amis vont en ville _____.

8. Vous partez en vacances _____.

9. Tu vas à Montréal _____.

10. Nous allons à l'aéroport avec _____.

11. Ils font une promenade _____.

12. Bruno va au parc _____.

13. On voyage en France _____.

14. Je vais au cinéma _____.

15. Bruno et Sylvie montent _____.

16. Ils voyagent _____.

17. Tu fais un tour _____.

93

Les transports - 2

Trouve les mots suivants dans la grille.
Find the following words in the grid.

train • navette • voiture • vélo • taxi • métro • roller • camping-car • hélicoptère • bicyclette
montgolfière • motoneige • moto • skateboard • cheval • bateau • autobus • avion

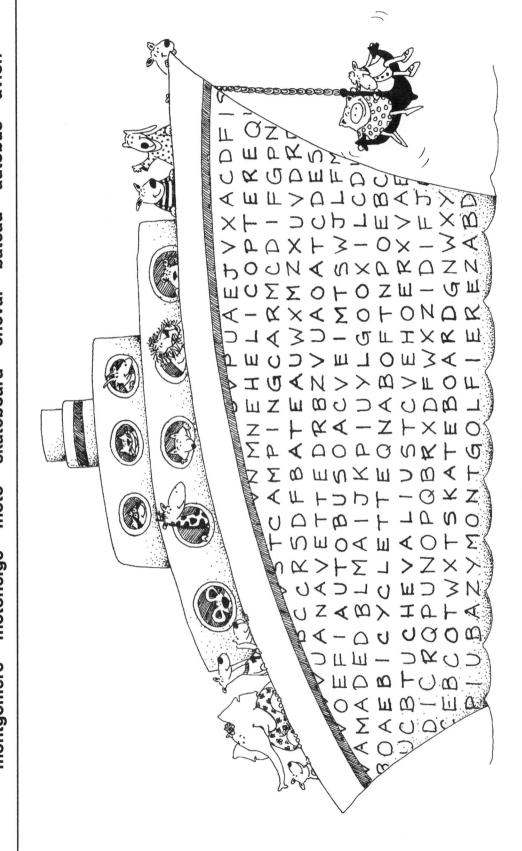

Le métro

Bruno et Sylvie vont à Paris. Dis-leur à haute voix ou écris comment faire pour aller d'un point à l'autre d'après ce qu'ils disent. Et toi ? Où voudrais-tu aller et comment ferais-tu pour y aller ? Bruno and Sylvie are going to Paris. Tell them or write how to go from one point to the other according to what they say. And you ? Where would you like to go and how would you get there?

Exemple : Nous sommes à la Tour Eiffel et nous allons à St. Germain des Prés. Nous prenons la direction Nation, nous changeons à Montparnasse Bienvenue, puis nous prenons la ligne 4, direction Porte de Clignancourt, et nous descendons à St. Germain des Prés. Example: We are at the Eiffel Tower and we are going to St. Germain des Prés. We take the direction Nation, we change at Montparnasse Bienvenue, then we take line 4, direction Porte de Clignancourt, and we get off at St. Germain des Prés.

1) Nous rendons visite à Fifi et à Hugo. Notre hôtel se trouve à St. Germain des Prés et nous allons à Jaurès.

2) Après notre visite avec Fifi et Hugo, nous voulons aller à la station Opéra.

3) De la station Opéra, nous allons à Montmartre.

4) De Montmartre, nous retournons à l'hôtel (qui se trouve à St. Germain des Prés) et nous nous reposons avant d'aller au café.

5) De St. Germain des Prés, nous devons aller à un café à Place d'Italie où nous retrouvons des amis.

6) Samedi matin, nous allons au marché aux puces à Porte de Vanves.

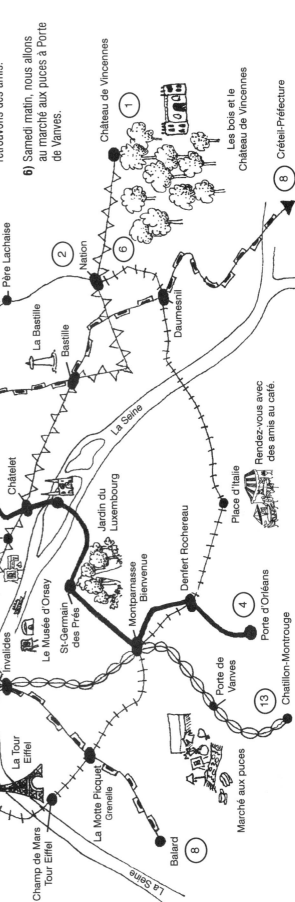

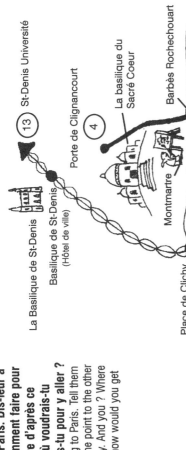

95

Un voyage autour du monde - 1

Dis à haute voix quel est le mode de transport que Bruno et Sylvie vont utiliser pour leur voyage autour du monde en utilisant le vocabulaire ci-dessous. Exemple: Sylvie et Bruno vont en train de Montréal à Québec. Say out loud which kind of transportation you think that Bruno and Sylvie are going to take for their trip around the world by using the vocabulary below. Example: Sylvie and Bruno are going by train from Montreal to Quebec.

en train • en voiture • à vélo • en taxi • en camping-car • en hélicoptère • en avion • en bateau • en autobus • à moto

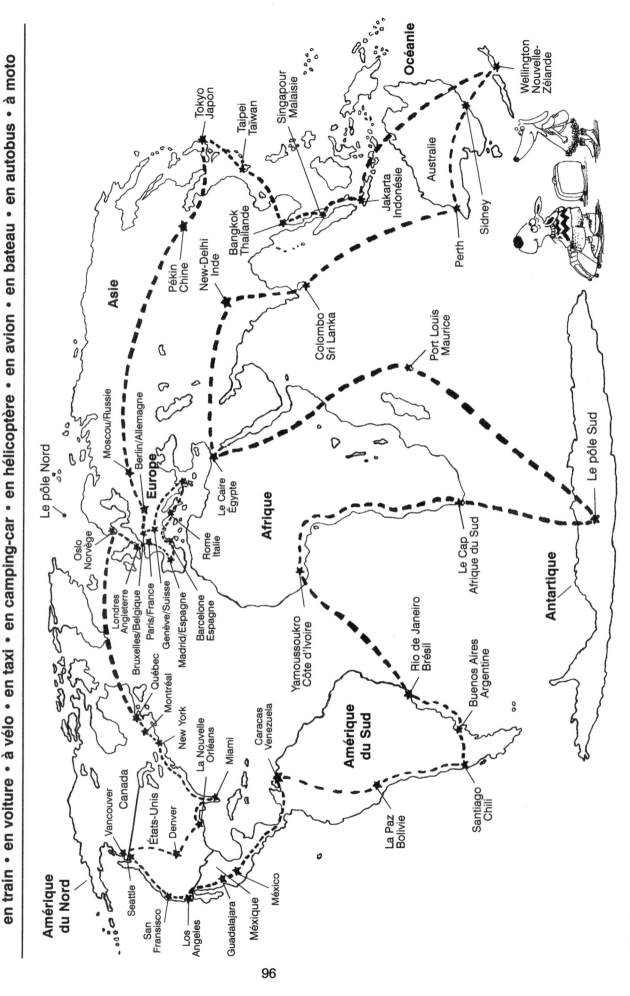

96

Un voyage autour du monde - 2

Où se trouvent ces villes ? Dans quel pays et dans quel continent ? Relie chaque ville au pays approprié et ensuite au continent approprié.
Exemple: Bangkok —— la Thaïlande —— l'Asie. Où vas-tu ? Je vais à Berlin. Je vais en Belgique. Je vais au Canada. Je vais en Afrique.
Where are these cities? In which country and in which continent? Draw a line between each city and the correct country and then the correct continent.
Example: Bangkok —— Thailand —— Asia. Where are you going? I'm going to Berlin. I'm going to Belgium. I'm going to Canada. I'm going to Africa.

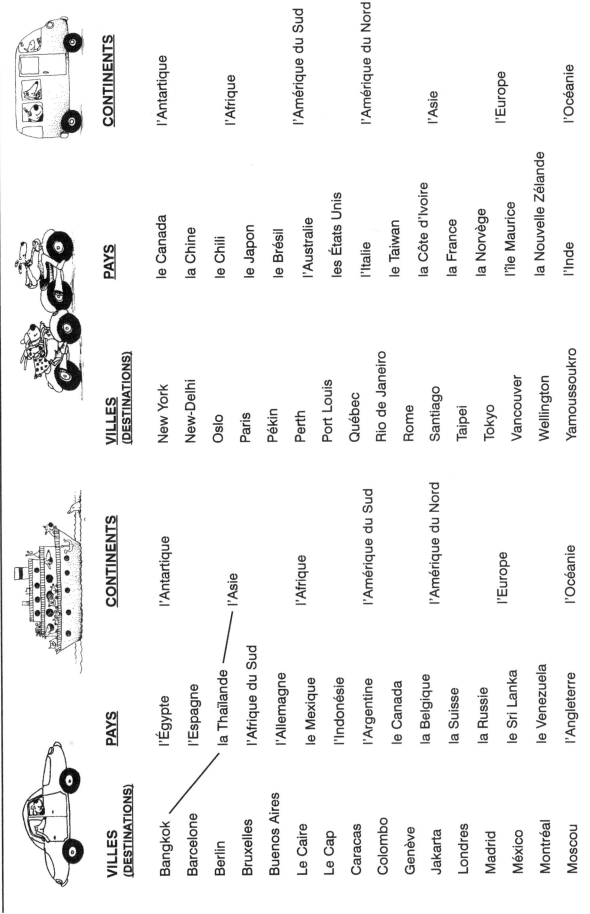

VILLES (DESTINATIONS)	PAYS	CONTINENTS
Bangkok	l'Égypte	l'Antartique
Barcelone	l'Espagne	
Berlin	la Thaïlande	l'Asie
Bruxelles	l'Afrique du Sud	
Buenos Aires	l'Allemagne	
Le Caire	le Mexique	l'Afrique
Le Cap	l'Indonésie	
Caracas	l'Argentine	l'Amérique du Sud
Colombo	le Canada	
Genève	la Belgique	l'Amérique du Nord
Jakarta	la Suisse	
Londres	la Russie	
Madrid	le Sri Lanka	l'Europe
México	le Venezuela	
Montréal	l'Angleterre	l'Océanie
Moscou		

VILLES (DESTINATIONS)	PAYS	CONTINENTS
New York	le Canada	l'Antartique
New-Delhi	la Chine	
Oslo	le Chili	l'Afrique
Paris	le Japon	
Pékin	le Brésil	l'Amérique du Sud
Perth	l'Australie	
Port Louis	les États Unis	l'Amérique du Nord
Québec	l'Italie	
Rio de Janeiro	le Taiwan	l'Asie
Rome	la Côte d'Ivoire	
Santiago	la France	l'Europe
Taipei	la Norvège	
Tokyo	l'île Maurice	l'Océanie
Vancouver	la Nouvelle Zélande	
Wellington	l'Inde	
Yamoussoukro		

97

Les transports - Le voyage et l'itinéraire

Pour en savoir un peu plus sur le voyage de Bruno et Sylvie, complète les phrases suivantes avec le mode de transport approprié. To find out a bit more on Bruno's and Sylvie's trip, complete the following sentences with the correct mode of transportation.

**bateau • autobus • motos • voiture • vélo • train • taxi
avion • camionette • camping-car**

Samedi 5 juin, à dix heures du matin nous allons à l'aéroport en  et nous prenons

l'  pour aller à Olso. Après huit jours en Norvège, nous partons pour Londres en

 où nous allons passer une semaine et faire un tour à à la campagne.

Ensuite nous descendons à Madrid en  . De Madrid, nous allons à Barcelone en

 . À Barcelone nous allons louer une  et nous allons faire

toute la côte méditérranéenne jusqu'à la frontière italienne où nous prenons un

pour naviguer le long de la côte italienne. Nous allons nous arrêter au port le plus près de Rome.

Au port, un ami va passer nous prendre en  et nous emmener en ville. Après

une semaine à Rome, notre ami va nous prêter des  et nous allons tous visiter

le pays. Et ce n'est que le début !

Le voyage

Le téléphone public, le distributeur automatique et les articles de voyage
The telephone, the ATM machine and things for the trip

l'annuaire
un appel à l'étranger - a long distance call
un appareil numérique - a digital camera
appuyer - to press
de l'argent - money
attendre - to wait
avoir mal à la tête - to have a headache
un balladeur - the Walkman®
un bloc de papier - a pad of paper
une carte bancaire - a debit card / bank card
une carte de crédit - a credit card
une carte de téléphone - a telephone card
des chaussures de marche - walking shoes
des chèques de voyages - traveler's checks
une ceinture-portefeuille - a money belt
choisir le montant - to choose the sum
le clavier - the keyboard
le combiné - the receiver/handset of the phone
commencer - to begin, to start
composer le numéro - to dial the number
un coussin - a pillow
décrocher - to take the phone off the hook
des crayons de couleur - colored pencils
descendre - to go down, to get down
dire - to say, to tell
faire un appel - to make a call
un guide touristique - a travel guide book
l'indicatif téléphonique - the area code
introduire - to insert, to place
laisser un message - to leave a message
le numéro de téléphone - the telephone number
des passeports - passports
raccrocher - to hang up the phone
recommander - to recommend
rappeler - to call back
refaire - to redo, to remake
le répondeur - the answering machine
retirer - to take out (the telephone card)
Ça sonne occupé - The line is busy.
téléphoner - to telephone, to call
la tonalité - the dial tone
les touches (f) - the keys / buttons

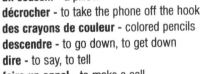

La douane - Customs

l'aéroport - the airport
aller - to go
arriver - to arrive
à l'avance - ahead of time
les bagages (m) - the luggage
tes billets - your tickets
la douane - customs
le douanier - the customs officer
la durée de ta visite - the length of your visit
l'enregistrement - the check in, recording
faire enregistrer - to check in, to record
falloir - to be necessary, to have to
il faut - it is necessary
Il ne faut surtout pas oublier... - It's especially important not to forget...
laisser passer - to let pass (through)
oublier - to forget
le passeport - the passport
passer - to pass (through), to spend (time)
passer à la douane - to go through customs
poser des questions - to ask questions
prendre - to take
prendre un taxi - to take a taxi
se présenter - to appear, to come (show up)
récupérer - to retrieve, collect, pick up
surtout - especially
valider - to comfirm
voyager - to travel
je voyage - I travel, I'm traveling
faire un voyage à l'étranger - to travel abroad

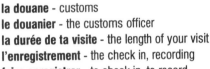

Le voyage et ce qu'il faut faire

Complète les phrases suivantes en utilisant le vocabulaire ci-dessous.
The trip and what do you have to do. Complete the following sentences by using the vocabulary below.

---

faire enregistrer • à l'avance • se présenter • prendre un taxi • passeport
billets d'avion • récupérer • la douane • vérifie • passer à la douane

1.

D'abord **il faut** _____
_____ pour aller à
l'aéroport. **Il faut** toujours arriver à
l'aéroport deux heures _____
_____ si on fait un voyage à l'étranger.

2.

Ensuite, **il faut** _____
à l'enregistrement et _____
tes bagages. **Il ne faut surtout pas**
oublier ton _____
et tes _____.

3.

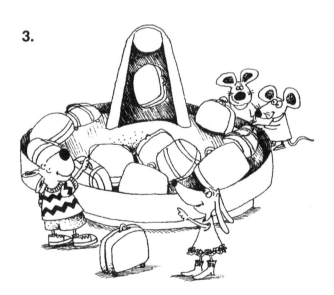

Lorsque tu arrives à l'aéroport de ta
destination, **il faut** _____
tes baggages si tu les as fait enregistrer.

4.

Sinon, **il faut** aller directement à _____
_____ . C'est là où le
douanier te pose des questions sur ta
visite, sa durée et qu'il _____
ton passeport. Si tout va bien, il te laisse
passer. Cela s'appelle _____
_____.

Le téléphone public

Complète les phrases suivantes en utilisant le vocabulaire ci-dessous.
Complete the following sentences by using the vocabulary below.

le répondeur

la tonalité

le combiné

compose

rappeler

l'indicatif téléphonique

l'annuaire

raccroche

refait

téléphoner

retire

une carte de téléphone

Sylvie veut _____ à ses parents pour leur dire que tout va bien.
Pour faire cet appel, Sylvie décroche _____ et elle attend _____.
Puis elle introduit _____ et après elle _____ le
numéro en appuyant sur les touches du clavier. Puisque c'est un appel pour l'étranger, avant de
faire le numéro, elle doit composer _____ du pays et ensuite le
numéro de téléphone. La première fois qu'elle téléphone, ça sonne occupé, alors elle
_____. Elle attend quelques minutes, elle décroche et elle _____
le numéro. Cette fois-ci, elle tombe sur _____ alors elle laisse un message. Elle
leur dit qu'elle va _____ plus tard. Ensuite, elle raccroche et elle décide de
chercher dans _____ le nom d'un restaurant qu'un ami de Bruno a
recommandé. Malheureusement, elle ne le trouve pas alors elle _____ sa
carte de téléphone et elle descend parce que Bruno commence à avoir mal à la tête !

Pendant le voyage

Bruno et Sylvie auront besoin d'argent pendant leur voyage. Pour retirer de l'argent du distributeur automatique, mets en ordre les cinq manœuvres en écrivant les numéros de 1 à 5. Bruno and Sylvie will need money during their trip. To get money out of the ATM (automated transaction machine), put the five steps in order by writing the numbers from 1 to 5.

Prends ton argent !

Appuie sur "valider" pour confirmer.

Fais ton code.

Introduis ta carte bancaire.

Choisis le montant que tu veux retirer.

Les choses qu'il nous faudra pour le voyage

Voilà d'autres choses qu'il nous faudra pour le voyage. Écris le numéro approprié dans chaque case. Here are some other things that we will need for the trip. Write the correct number in each box.

une carte de crédit

un coussin

un guide touristique

une carte de téléphone

des chaussures de marche

une ceinture-portefeuille

une carte bancaire

des passeports

1.

2.

3.

4.

5.

6.

7.

8.

Les verbes réguliers et pronominaux au présent
Regular and Reflexive Verbs in the Present Tense

travailler - to work

je travaille - I work, I do work, I am working
tu travailles - you work (fam. sing.)
il/elle/on travaille - he/she/one works
nous travaillons - we work
vous travaillez - you work (sing. form. & pl.)
ils/elles travaillent - they work (masc./fem.pl.)

acheter - to buy
aider - to help
aimer - to like/to love

appeler - to call
arriver - to arrive
changer - to change
commander - to order
danser - to dance
déjeuner - to have lunch
dîner - to have dinner
donner - to give
écouter - to listen
étudier - to study
frapper - to hit, to knock
habiter - to live
jouer - to play

laisser - to leave (person, object), to
let (a person/thing do something)
manger - to eat
oublier - to forget
parler - to speak/talk
penser (à) - to think (about)
porter - to wear, to carry
ranger - to put away, to tidy up
regarder - to watch
retrouver - to meet up with,
to find again
travailler - to work
utiliser - to use

vendre - to sell

je vends - I sell, I do sell, I am selling
tu vends - you sell (fam. sing.), ...
il/elle/on vend - he/she/one sells, ...
nous vendons - we sell, ...
vous vendez - you sell (sing. form. & pl.), ...
ils/elles vendent - they sell (masc./fem. pl.), ...

attendre - to wait (for)
battre - to beat
entendre - to hear
étendre - to spread/roll out, to hang out
(the laundry)
fondre - to melt
interrompre - to interrupt
perdre - to lose
rendre - to render, to return, to give back
répondre (à) - to answer, to respond (to)
suspendre - to supend, to hang (up)

finir - to to finish

je finis - I finish, I do finish, I am finishing
tu finis - you finish (fam. sing.), ...
il/elle/on finit - he/she/one finishes, ...
nous finissons - we finish, ...
vous finissez - you finish (sing. form. & pl.), ...
ils/elles finissent - they finish (masc./fem. pl.), ...

choisir - to choose
fleurir - to bloom, to blossom
grandir - to grow (bigger)
maigrir - to lose weight
murir - to ripen
raccourcir - to shorten
réféchir (à, sur) - to think over, to reflect (on)
remplir - to fill
réussir (à) - to succeed (at something)
rougir - to turn red, to blush
salir - to get dirty

Les verbes pronominaux - Reflexive Verbs

se lever - to get up

je me lève - I get up, I do get up, I am getting up
tu te lèves - you get up(fam. sing.), ...
il/elle/on se lève - he/she/one gets up, ...
nous nous levons - we get up, ...
vous vous levez - you get up (sing. form. & pl.), ...
ils/elles se lèvent - they get up (masc./fem. pl.), ...

s'amuser - to amuse oneself, to have fun
s'appeler - to call oneself, to be named
s'appliquer (à) - to apply oneself (at)
s'asseoir - to sit down
se baigner - to go for a swim
se brosser les dents - to brush one's teeth
se coucher - to go to bed
se demander - to wonder

se dépêcher - to hurry
s'énerver - to get irritated
s'entendre - to understand each other, to get along
se fâcher - to get angry
s'habiller - to get dressed
s'inquiéter (pour) - to worry (about)
s'intéresser à - to be interested in
se laver - to wash oneself
s'occuper de - to take care / charge of
se préparer - to get (oneself) ready
se rappeler - to recall, to remember
se renseigner (sur) - to find out / get information on
se reposer - to rest
se réveiller - to wake up
se sentir - to feel
se servir de - to use
se tromper - to be mistaken

La négation - The Negative

Je **ne** grandis **pas**. - I am **not** growing (getting bigger).
Tu **ne** rougis **pas**. - You are **not** blushing.
Nous **n'**aimons **pas** la maison. - We do **not** like the house.
Vous **n'**écoutez **pas**. - You are **not** listening.

Ils **ne** se rappellent **pas**. - They do **not** remember.
Elle **ne** s'inquiète **pas** pour lui. - She does **not** worry about him.
On **ne** se trompe **pas**. - One(we/they) are **not** mistaken.
Vous **n'**écoutez **pas**. - You are **not** listening.

Le présent - Les verbes réguliers

Complète les phrases suivantes à la forme affirmative ou négative selon le cas à l'aide des verbes entre parenthèses. Ensuite, écris le numéro de la phrase qui correspond à chaque dessin. Complete the following sentences in the affirmative and / or in the negative with the help of the verbs in parentheses. Then, write the number of the sentence that corresponds to the drawing.

1. Thierry _____ (finir) son repas.
2. Mimi _____ (suspendre) le lustre.
3. Guillaume _____ (remplir) la fiche.
4. Bernard _____ (laisser) un message pour Bernice sur la table.
5. Sophie _____ (rendre) visite à ses amis.
6. Delphine _____ (ne pas entendre) de bruit.
7. Coco _____ (salir) sa robe.
8. Guillaume dit que les pêches _____ (ne pas murir).
9. Bernice _____ (regarder) la télévision, mais Bernard _____ (ne pas regarder) la télévision.
10. Manue _____ (étendre) le linge.
11. Léo _____ (perdre) toujours ses lunettes.
12. Luc et Liliane _____ (rougir) quand ils se voient.
13. Coco _____ (vendre) sa maison.
14. Bernard _____ (attendre) l'autobus.
15. Mimi _____ (répondre) au téléphone.
16. Thierry _____ (appeler) son amie.
17. Pierre _____ (étudier) sa leçon.
18. Luc _____ (manger) une pomme.

104

Le présent - Les verbes réguliers

Complète les phrases suivantes à la forme affirmative ou négative selon le cas à l'aide des verbes entre parenthèses. Complete the following sentences in the affirmative and / or in the negative with the help of the verbs in parentheses.

1. Mia _____ (aider) Bernice à rapporter ses provisions, mais Thomas _____ (ne pas) Bernice.

2. Guillaume et moi, nous _____ (arriver) toujours à l'heure.

3. Coco _____ (changer) d'avis au moins cinq fois avant d'acheter quelque chose.

4. Bruno _____ (porter) des lunettes, mais Sylvie _____ (ne pas) de lunettes.

5. Bruno et moi, nous _____ (commander) un café.

6. Roger, tu _____ (grandir) vite.

7. Fifi _____ (battre) Hugo au Scrabble.

8. Bernice _____ (maigrir).

9. Fifi _____ (donner) un morceau de fromage à Hugo.

10. Bernice _____ (ne pas écouter) Coco quand elle lui parle.

11. Sylvie _____ (raccourcir) sa robe.

12. Fifi _____ (danser), mais Hugo _____ (ne pas).

13. Bernard _____ (interrompre) Maurice et Raoul.

14. Les tulipes _____ (fleurir).

15. Le bonhomme de neige _____ (fondre) à cause du soleil.

16. Thierry _____ (frapper) à la porte.

Le présent
Les verbes pronominaux

Complète les phrases suivantes à la forme affirmative ou négative selon le cas à l'aide des verbes entre parenthèses. Complete the following sentences in the affirmative and / or in the negative with the help of the verbs in parentheses.

1. Sylvie _____ (s'inquiéter), mais Bruno _____ _____ (ne pas).

2. Léo _____ (s'intéresser) à tout, mais moi, je _____ _____ (ne pas) à tout.

3. Théodore _____ (s'occuper) des enfants, mais Mimi _____ ____ (ne pas) des enfants.

4. Ellie et Fifi _____ _____ (se baigner), mais vous _____ _____ (ne pas) ?

5. Manue et moi, _____ _____ (s'entendre) bien.

6. Maurice, est-ce que tu _____ (se servir) d'un balai pour balayer le sol ?

7. Bernice _____ (se préparer) tôt le matin pour aller au bureau. Le samedi, elle _____ _____ (ne pas) avant 10 heures.

8. Coco et Thierry _____ _____ (se renseigner) sur les voyages.

9. Bruno _____ (se brosser) les dents après les repas, mais il _____ (ne pas) les dents avant les repas.

10. Thierry _____ (se laver) toujours les mains avant les repas mais, il _____ (ne pas) les mains après.

11. Maurice, tu _____ _____ (se rappeler) la date de notre départ ? Non, je _____ _____ (ne pas).

12. Roger _____ _____ (s'énerver), mais Raoul _____ _____ (ne pas).

13. Coco et ses amies _____ (se retrouver) au cinéma.

14. Bruno _____ (se demander) s'il y a du chocolat dans le placard.

15. Maurice _____ _____ (s'appliquer) à faire ses devoirs.

16. Tu _____ (se réveiller) et ensuite, tu fais ton lit.

Les verbes irréguliers au présent - Irregular Verbs in the Present

boire - to drink

je bois - I drink, I do drink, I am drinking
tu bois - you drink (fam.sing.), ...
il/elle/on boit - he/she/one drinks, ...
nous buvons - we drink, ...
vous buvez - you drink (sing. form., pl.), ...
ils/elles boivent - they drink (masc./fem. pl.), ...

connaître - to know someone, to be familiar

je connais - I know, I do know
tu connais - you know (fam.sing.), ...
il/elle/on connaît - he/she/one knows, ...
nous connaissons - we know, ...
vous connaissez - you know (sing. form., pl.), ...
ils/elles connaissent - they know (masc./fem. pl.), ...

devoir - to have to, to owe (money)

je dois - I have to (must), I do have to, I am having to
tu dois - you have to (fam.sing.), ...
il/elle/on doit - he/she/one has to, ...
nous devons - we have to, ...
vous devez - you have to (sing. form., pl.), ...
ils/elles doivent - they have to (masc./fem. pl.), ...

écrire - to write

j'écris - I write, I do write, I am writing
tu écris - you write (fam. sing.), ...
il/elle/on écrit - he/she/one writes, ...
nous écrivons - we write, ...
vous écrivez - you write (sing. form., pl.), ...
ils/elles écrivent - they write (masc./fem. pl.), ...

lire - to read

je lis - I read, I do read, I am reading
tu lis - you read (fam. sing.), ...
il/elle/on lit - he/she/one reads, ...
nous lisons - we read, ...
vous lisez - you read (sing. form., pl.), ...
ils/elles lisent - they read (masc./fem. pl.), ...

mettre - to put / set / place

je mets - I put, I do put, I am putting
tu mets - you put (fam.sing.), ...
il/elle/on met - he/she/one puts, ...
nous mettons - we put, ...
vous mettez - you put (sing. form., pl.), ...
ils/elles mettent - they put (masc./fem. pl.), ...

pouvoir - to be able to

je peux - I can, I am able to
tu peux - you can (fam. sing.), ...
il/elle/on peut - he/she/one can, ...
nous pouvons - we can, ...
vous pouvez - you can (sing. form., pl.), ...
ils/elles peuvent - they can (masc./fem. pl.), ...

savoir - to know (facts), to know how

je sais - I know, I do know
tu sais - you know (fam. sing.), ...
il/elle/on sait - he/she/one knows, ...
nous savons - we know, ...
vous savez - you know (sing. form., pl.), ...
ils/elles savent - they know (masc./fem. pl.), ..

sortir - to go out, to take out

je sors - I go out, I do go out, I am going out
tu sors - you go out (fam. sing.), ...
il/elle/on sort - he/she/one goes out, ...
nous sortons - we go out, ...
vous sortez - you go out (sing. form., pl.), ...
ils/elles sortent - they go out (masc./fem. pl.), ...

venir - to come

je viens - I come, I do come, I am coming
tu viens - you come (fam. sing.), ...
il/elle/on vient - he/she/one comes, ...
nous venons - we come, ...
vous venez - you come (sing. form., pl.), ...
ils/elles viennent - they come (masc./fem. pl.), ...

voir - to see

je vois - I see, I do see, I am seeing
tu vois - you see (fam. sing.), ...
il/elle/on voit - he/she/one sees, ...
nous voyons - we see, ...
vous voyez - you see (sing. form., pl.), ...
ils/elles voient - they see (masc./fem. pl.), ...

vouloir - to want

je veux - I want, I do want, I am wanting
tu veux - you want (fam. sing.), ...
il/elle/on veut - he/she/one wants, ...
nous voulons - we want, ...
vous voulez - you want (sing. form., pl.), ...
ils/elles veulent - they want (masc./fem. pl.), ...

Le présent
Les verbes irréguliers

Complète les phrases suivantes à la forme affirmative ou négative selon le cas à l'aide des verbes entre parenthèses. Complete the following sentences in the affirmative and / or in the negative with the help of the verbs in parentheses.

1. Sylvie _____ (boire) une limonade. Bruno _____ (ne pas) une limonade. Il _____ un café.

2. Quand Coco porte ses lunettes, elle _____ (voir) très bien. Lorsqu'elle ne les porte pas, elle _____ _____ (ne pas) du tout.

3. Sophie _____ (sortir) les carottes du réfrigérateur. Elle _____ _____ (ne pas) la salade.

4. Sylvie _____ (écrire) une lettre à sa tante. Elle _____ _____ (ne pas) à ses amis.

5. Luc _____ (ne pas pouvoir) grimper à l'arbre, mais Léo et moi, nous _____ .

6. Raoul _____ (vouloir) sortir, mais Léo _____ _____ (ne pas) sortir. Il préfère rester à la maison.

7. Hugo _____ (venir) de Paris. D'où _____ - vous ?

8. Maurice et Bernard _____ (devoir) régler l'addition. Nous _____ (ne pas) la régler.

9. Thierry et Bernice _____ _____ (ne pas connaître) Sébastien, mais Sébastien _____ Luc, l'ami de Thierry.

10. Lulu et Bernice _____ (mettre) leur chapeau quand il fait du soleil. S'il fait gris, elles _____ (ne pas) leur chapeau.

11. Manue _____ (lire) tous les soirs, mais Fifi _____ (ne pas) tous les soirs. Elle tricote.

12. Guillaume _____ (savoir) la réponse. Est-ce que tu _____ la réponse ? Non, je _____ (ne pas) la réponse.

108

L'impératif - The imperative

Achète-toi un belle robe ! - Buy yourself a beautiful dress!

Achetez-vous une belle robe ! Buy yourself a beautiful dress! - formal sing./pl., informal pl.

s'acheter - to buy oneself

Va voir la Tour Eiffel ! - Go and see the Eiffel Tower!

Allez voir la Tour Eiffel ! - Go and see the Eiffel Tower! - formal sing./pl., informal pl.

aller - to go

Amuse-toi bien ! - Have fun!

Amusez-vous bien ! - Have fun! - formal sing./pl., informal pl.

s'amuser - to have fun

Appelle-moi ! - Call me!

Appelez-nous ! - Call us! - formal sing./pl., informal pl.

appeler - to call

Écris-moi ! - Write me!

Écrivez-nous ! - Write us! - formal sing./pl., informal pl.

écrire - to write

Envoie-moi des cartes postales ! - Send me postcards!

Envoyez-nous des cartes postales ! - Send us postcards! - formal sing./pl., informal pl.

envoyer - to send

Sois prudent ! - Be careful!

Soyez prudents ! - formal pl., informal pl.

être - to be

Fais-moi savoir ! - Let me know!

Faîtes-nous savoir ! - Let us know ! - formal sing./pl., informal pl.

faire - to do, to make

Ne t'inquiète pas (pour ...) ! - Don't worry (about ...)!

Ne vous inquiétez pas (pour ...) ! - formal sing./pl., informal pl.

s'inquiéter - to worry

N'oublie pas tes billets d'avion ! - Don't forget your plane tickets!

N'oubliez pas vos billets d'avion ! - Don't forget your plane tickets! - formal sing./pl., informal pl.

oublier - to forget

Vérifie que tu as ton passeport ! - Check that you have your passport!

Vérifiez que vous avez vos passeports ! - Check that you have your passports! formal pl., informal pl.

vérifier - to check

Prends des photos ! - Take pictures!

Prenez des photos ! - Take pictures! - formal sing./pl., informal pl. ...

prendre des photos - to take pictures (photos)

109

L'impératif
The Imperative

Tout le monde se dit au revoir. Complète les phrases suivantes en utilisant le vocabulaire ci-dessous. Everyone says goodbye. Complete the following sentences by using the vocabulary below.

Soyez • Envoie • N'oubliez pas • Amusez • Appelez • Écris • Vérifiez

Ne vous inquiétez pas • Faites • Prends • Achète • Allez

1. _____ - moi des cartes postales, Sylvie !

2. _____ - vous bien !

3. _____ vos billets d'avion !

4. _____ – moi quelques mots, Bruno !

5. _____ des photos, Sylvie !

6. _____ - toi une belle robe, Sylvie !

7. _____ pour la maison ! Nous la surveillerons.

8. _____ prudents !

9. _____ voir la Tour Eiffel.

10. _____ - nous savoir si vous avez besoin de quelque chose.

11. _____ - nous quand vous arriverez !

12. _____ que vous avez vos passeports !